정원도시 부여의
마을 동산바치 이야기

글
김인수
김혜경

사진
김인수

목수책방
木水冊房

들어가는 글

역사적인 정원도시
부여에서 만난

동네 동산바치들의
아름다운 정원

정원도시 부여의
마을 동산바치 이야기

우리나라 최초의 정원도시,
부여를 아시나요?

초등학교 시절 부모님과 함께 부소산과 낙화암을 방문한 적이 있다. 군창터 탄화미도 직접 만져 보면서 교과서에서 배운 역사의 현장을 직접 확인할 수 있었는데, 이 기억이 내가 최초로 경험한 부여다. 1970년대 후반 건축 공부를 시작하고 김수근 선생님의 구 국립부여박물관을 답사하면서 당시로는 선진적이고 획기적인 건축물을 지방 도시에 유치한 부여의 문화적인 저력과 미래지향적 사고를 엿볼 수 있었다. 2007년 부여가 고향인 지인들과 함께 팸투어에 참여할 기회가 있어 거의 30년 만에 부여를 방문했다. 30여 년 전 모습과 거의 달라지지 않은 도시의 모습에 놀랐지만 오히려 아직 이렇게 변하지 않은 도시가 남아 있어 생태도시·슬로시티로 부상할 미래 부여의 잠재력이 있다고 생각했다.

2008년 한 문화단체와 함께 유럽정원박람회를 중심으로 유럽 문화시설 답사 프로그램을 기획하고 전문 가이드로 참여하면서, 답사에 참여한 부여군 관련자와 인연을 맺게 되어 부여와 본격적인 교류가 시작되었다. 부여 사랑이 대단했던 그분은 여유가 있을 때마다 나를 데리고 다니며 부여 곳곳을 보여 주었고, 그때 궁남지의 역사적인 중요성을 알게 되었다. 결국 그 인연으로 2009년 부여백제정원축제를 기획하고 예술총감독으로 참여할 수 있었다. 극장과 양조장을 비롯해 근대의 모습이 남아 있고, 1968년 백제교가 생기기 전까지 부여 상업 활동의 중심지였 우리나라 최초의 인공정원 궁남지 전경. 뒤편으로 화지산이 보이고, 《삼국사기》의 기록처럼 연못 가운데는 신선이 산다는 방장선산方丈仙山을 모방하여 인공섬이 조성되어 있다. ⓒ 부여군청

정원도시 부여의
마을 동산바치 이야기

던 규암면은 근대 유산을 간직하고 보존하려고 노력하고 있다. 규암면에는 외산면 출신으로 현대정치사의 중요 인물로 꼽히는 정치인 고 김종필이 기거하며 사람들과 교류하던 백마여관도 폐허 상태지만 아직도 남아 있다. 이제는 우리나라에서 거의 볼 수 없는 전통시장의 장옥長屋, 큰 거리 양쪽에 줄지어 세운 상점이 흔적도 없이 사라지는 모습이나, 옛 수학여행의 집단 숙소를 연상시키는 부여읍 낙원여인숙이 뜬금없이 젓갈집으로 변해 사라지는 모습을 보면서 개인적으로는 애틋한 감정이 생겨 실망하기도 했다. 하지만 22세기를 위해 보존해야 할 숲으로 지정된 숨겨진 비경의 부소산성 태자골 숲길, 잘 보존되어 있는 충화면이나 옥산면의 뛰어난 자연환경을 볼 때는 옛 백제의 위용이 느껴졌고, 부여는 여전히 큰 문화적 자부심을 느낄 만하다는 생각이 들었다.

부여는 세계에서도 인정하고 자랑할 만한 유네스코 지정 세계문화유산도시다. 도시 자체가 문화재라 개발에 제한이 많아 발전이 좀 더디다는 것이 단점으로 생각될 수 있지만, 오히려 그 때문에 수려하고 토속적인 풍경을 그 어떤 다른 도시보다 잘 보존할 수 있었다. 최근 다양하고 체계적인 주변 도로망이 생겨 전국 어디에서나 찾아오기 쉬운 국토 중앙부에 위치해 있다는 지리적 장점까지도 갖추게 되었다. 부여는 부여 사람들이 생각하는 것보다 자랑하고 찾아내고 활용할 수 있는 생태·문화자원이 그 어떤 도시와 비교해도 뒤지지 않을 만큼 풍부하다.

사람들이 흔히 생각하고 알고 있는 연꽃축제나 백제대전, 낙화암과 부소산성, 정림사지오층석탑, 무량사, 백제금동대향로 등만 부여의 문화자산이 아니다. 역사적으로는 물론 여러 면에서 매우 중요한 사실이 하나 더 있다. 바로 백제 무왕武王 시절600~641년에 우리나라 최초로 궁남지라는 인공정원을 조성했다는 사실이다.《삼국사기》에는 무왕 35년634년에 "궁궐 남쪽에 못을 파고 20여 리에서 물을 끌어들여 사방 언덕에 버드나무를 심고 연못 가운데 신선이 산다는 방장선산方丈仙山을 모방하여 섬을 만들었다"는 기록이 있다. 현재는 대형 연못과 연못 중앙의 인공섬 안에 포룡정이 자리하고 있다. 오랜 시간이 지나면서 지형이 변해 북서쪽 서동공원 주변에서 언덕 일부만 볼 수 있고, 궁남지 주변은 대부분 평탄한 지형으로 바뀌어 대규모 연밭이 조성되어 있다.

현재 각 지자체에서는 최근의 정원문화 확산 분위기에 편승해 새롭게 국가정원과 지방정원을 조성하고 있다. 하지만 역사적·장소적·인문학적 정체성이 빈약한 그저 정원이라는 하나의 새로운 관광지 조성에 머무는 경우가 많다. 부여는 흔적과 기록으로 분명히 남아 있는 역사적 유물인 궁남지라는 1400년이 넘은 우리나라 최초의 인공정원을 문화유산으로 가지고 있다. 궁남지는 경주 동궁 월지와 일본 나라의 평성궁 동원平城宮 東院에도 영향을 미쳐 역사적으로 우리나라는 물론 일본 정원문화 정착과 확산의 기원이 되는 곳이다.《삼국사기》의 기록과 최근의 발굴연구에 의하면 이미 한성 백제 시기에도 정원의 흔적이 발견되고 있다.《일본서기日本書記》의 기록에도 백제의 정원예술이 일본 정원문화의 원류라고 밝히고 있어, 백제의 옛 수도 부여는 역사적으로 매우 중요한 장소이자 의미 있는 정원도시라 할 수 있다.

부여는 오래전 사람들이 정원문화에 관심이 별로 없었던 시절부터 이미 연꽃축제나 국화축제 등을 열어 우리나라 정원문화의 선도적 역할

부여읍 전경. 일제 강점기에 가로를 정비한 계획도시의 모습이 남아 있으며, 백마강·부산·부소산성이 보인다. 1960년대 후반에 발굴·복원된 궁남지가 정원도시 부여를 상징적으로 보여 준다.
ⓒ 부여군청

정원도시 부여의

마을 동산바치 이야기

을 하고 있다. 궁남지 궁중정원을 비롯해 왕궁이나 사찰 등의 역사적인 유적은 모든 역사기록이 그렇듯이 권력자나 당시 사회 상류 지배계층의 생활상만 보여 주는 경우가 대부분이다. 추측하건대 당시 일반인들이 조성했던 텃밭이나 정원도 오랜 세월이 지나면서 형태도 바뀌고, 식물 선호도가 바뀌면서 변화를 거듭했지만, 현재도 여전히 서민의 마을 정원으로 전통이 계승되고 있는 것은 아닐까? 부여를 역사적인 정원도시로 만들고 재정립하기 위해서는 바로 이런 전통이 계승되어 현재 부여 곳곳의 돌담길이나 주택 등 주변 어디에서나 만날 수 있는 마을의 생활형 정원을 찾아내어 가치와 의미를 부여하고 생태관광자원화 해야 한다.

8세기 중반에 일본 나라에 조성된 평성궁 동원은 우리나라의 정원 양식이 일본에 전해져 만들어진 것으로 알려져 있다. 1967년부터 발굴이 시작되어 40여 년 만에 복원되었다.

*1400년을 이어 온
정원도시의 정체성을 잇는
마을 동산바치들*

                         2009년 궁남지에서 열린 부여백제정원축제는 꽃이 아닌 정원이라는 공간이 주제가 된 우리나라 최초의 정원 축제로, 궁남지 일원의 공간을 정비하며 정원이 도시재생과 지역 활성화에 기여한 최초의 사례가 되었다. 도시나 공간에서 재생이라는 용어 자체가 흔하게 사용되지 않던 당시 우리나라 최초의 인공정원 궁남지가 재생의 방식으로 역사적 전통을 계승한 사례라고 할 수 있다. 부여는 1400년의 역사를 이어 가며 정원도시의 정체성을 주민들 스스로 만들어 나가고 있다. 마을 어디서나 조금만 관심을 가지면 볼 수 있는, 주민들이 직접 정성스럽게 가꾸는 비밀정원의 존재로 이 사실을 확인할 수 있다.

    국가정원이라는 개념은 봉건시대에 왕족과 귀족들이 개인적으로 사용할 목적으로 조성한 정원이라는 의미를 포함하고 있다. 공원은 산업혁명과 함께 도시에 집단으로 몰려든 서민 노동자들을 위한 민주화된 휴게공간의 개념으로 19세기 중반 영국과 미국에서 등장하기 시작해 현재에 이르고 있다. 현재 정원과 공원은 비슷한 개념의 도시 녹지공간으로 정의되어 활용된다. 정원은 애초 개인의 사용 목적에 따라 개인이 조성한 공간이고, 공원은 공공기관이 일반 대중의 활용을 염두에 두고 조성한 공간 개념이다. 그러나 정원이나 공원은 도시의 생태적인 녹지공

정원도시 부여의
마을 동산바치 이야기

간이라는 측면에서 생각해 볼 때 개인의 공간이든 시민의 공간이든 태생 자체가 이미 공적인 개념에서 비롯되었다고 할 수 있다.

　현재 지자체마다 경쟁적으로 정원을 조성하고 있다. 최근 조경·정원 분야에서 흔히 볼 수 있는 가든쇼나 작가정원 등은 이제까지 동네 구석구석에서 누군가가 계속 만들고 있는 평범하지만 실용적인 생활밀착형 정원을 의미하지 않는다. 그런 정원들은 매우 특별하고 고급스럽게 만드는 일종의 전시형 정원으로 정원문화의 확산과 발전에 분명 도움이 된다. 하지만 유행을 따라 만들어지는 정원 못지않게 우리 주변에서 늘 쉽게 찾고 즐길 수 있는 동네 동산바치들의 소박한 꽃밭에도 관심을 기울였으면 좋겠다. 평범한 사람들이 만드는 골목길 비밀정원을 들여다 볼 때마다 깨지고 금이 간 항아리 화분과 옛 절구, 돌확 같은 물건이 이처럼 효율적으로 조형적으로 재활용되는 사례는 어디에서도 찾아볼 수 없다는 생각이 든다. 요즘 한국 영화나 드라마가 전 세계적으로 주목을 받는 모습을 보며 가장 한국적인 것이 가장 세계적이라는 사실을 다시 한 번 깨닫게 된다. 전 세계 어디에서도 볼 수 없는, 1400여 년 넘게 이어진 가장 '부여스러운' 모습을 보여 주는 부여 마을길 비밀정원도 다른 한국의 문화 콘텐츠처럼 또 다른 한류를 이끄는 문화적인 견인차가 될 수도 있지 않을까? 소박하고 아름다운 동네 동산바치들의 비밀정원으로부터 21세기 새롭고 의미 있는 정원문화가 확산되기를 기대한다.

　마을 골목길이나 집 마당에서 발견할 수 있는 평범한 민초들의 비밀정원은 한마디로 백제미의 조형 원리가 되는 "검소하나 누추하지 않고 화려하나 사치스럽지 않다"라는 의미의 '검이불루檢而不陋 화이불치華而不

《삼국사기》에 기록된 것처럼 연못 주변에 버드나무가 있다.

백제 사람 노자공路子工 지기마려芝耆摩呂는 일본 남정南庭에 수미산須彌山과 오교吳橋를 만들었다고 전해진다. 1960년대 말 복원된 궁남지에는 인공섬과 육지가 오교로 연결되어 있다.

정원도시 부여의
마을 동산바치 이야기

궁남지는 연꽃축제로 유명하다. 여름철에는 백련白蓮과 홍련紅蓮을 볼 수 있고, 호주 수련 같은 세계의 다양한 연꽃도 볼 수 있다.

⑯'로 표현할 수 있다. 마을 어디서나 관심만 가지면 찾을 수 있는 비밀정원은 일반적으로 생각하는 우아하고 번듯한 정원은 아닐지라도, 그때도 있었고 지금도 여전히 우리 가까이 존재하는 부여의 중요한 녹색자산이다. 최근 단체로 참여하는 유적지 관광에서 개인이나 소규모 집단이 참여한 생태·문화 체험으로 관광패턴이 변화되면서 정원이 중요한 관광자원으로 떠오르고 있다. 카페조차도 소규모 플랜테리어 개념에서 식물원을 연상시키는 대규모 온실 형태로 변화하고 있다. 급작스러운 기후변화에 따른 생태적 관심과 코로나 팬데믹에 따라 대중 접촉이 거의 없어지다시피 줄어들면서 반려식물이라는 용어까지 등장했다. 생활 속 정원을 향한 관심은 그 어느 때보다 뜨겁다.

앞서 언급했듯이 요즘 정원이 주변에서 어디나 유행처럼 번지고 있다. 생태적으로나 조형적으로 도시환경이 긍정적으로 변화되어 가는 건 매우 반가운 일이다. 그러나 우리 주변에 늘 있어 왔고 우리가 늘 보아 왔던 보통 사람들의 정원 이야기는 빠지고 작가정원이나 가든쇼 등으로만 정원이 이야기되는 건 어쩐지 아쉽다. 도시에서 사라져 버린 것처럼 보이는 정원은 식물과 자연을 사랑하는 수많은 이름 없는 소시민 동산바치들에 의해 마을 구석구석, 아이러니하게도 정돈되고 번듯한 동네가 아닌 변두리 민초들이 사는 집 앞뒤에 존재하는 마당, 골목길, 쓸모없이 버려진 공터 등에서 아름다운 모습으로 계속 그 명맥이 이어지고 있다. 그렇게 주목받지 못하는 평범한 장소에 아름답고 오래된 미래의 정원들이 많이 존재하는 건 어떻게 이해하고 설명할 수 있을까? 부여에서도 이처럼 보이지 않는 손길들의 노력 때문에 아름다운 공간들이 존재

정원도시 부여의
마을 동산바치 이야기

하고 있고 계속 만들어지고 있다. 거창한 도시재생이나 마을 공동체 만들기가 있기 전부터 사실 우리 주변에는 이런 보물 같은 정원을 매개로 사람들을 행복하게 해 주는 도시재생이나 마을 만들기가 늘 이루어지고 있었다. 식물뿐만 아니라 마음까지도 서로 나누면서 정원으로 이웃끼리 소통하는 부여군 임천면 군사리 소단위 마을공동체는 정원마을의 훌륭한 사례이자 정원도시 부여의 소중한 자산이다.

    돌담 골목길, 옥상이나 지붕, 마당 한 구석, 버려진 공지나 폐허 등에 조성된 부여의 비밀정원은 세계 어디에서도 찾아볼 수 없다. 평범하지만 소박하고 독특한 부여만의 정원이나 텃밭을 찾아내고, 정원을 직접 만들고 관리하는 주민들을 만나 이야기를 듣고 그 장소를 사진으로 기록하는 작업은 매우 의미가 크다. 이런 기록들은 현재도 중요하지만 먼 미래의 조경·정원 분야는 물론 사회학·민속학·향토사학 분야에도 중요한 자료가 될 것이다. 이 책은 새로운 정원도시 부여를 가장 부여스러운 모습으로 우리나라뿐만 아니라 전 세계에 새롭게 알릴 수 있는 기회가 될 수 있다고 본다. 아울러 개성 있고 특별한 부여 관광안내서로도 활용될 수 있기를 기대한다.

옛 선인의 재주와 마음을 닮은
동네 정원사들의 비밀정원으로
초대합니다

비밀정원이라고 하여 신비스럽게
꼭꼭 숨어 있어 일부러 시간을 내어 보물 캐듯이 찾아다녀야 볼 수 있는
것은 아니다. 조금만 관심을 가지면 매일 다니는 주변 일상의 공간에서
누구나 쉽게 크든 작든 다양한 식물과 정원이 어우러진 풍경을 만날 수
있다. 흔하디흔한 망초, 쇠뜨기, 환삼덩굴, 소리쟁이 같은 풀처럼 어디서
나 볼 수 있는 식물은 물론, 봄날 돌 틈을 비집고 올라오는 남산제비꽃,
논두렁에서 볼 수 있는 단 하루만 피는 한여름 벼꽃 같은 식물까지. 이
책에서 다루는 비밀정원은 잘 정리되고 귀한 식물들로만 채워진 화려하
고 크고 멋진 공간이 아니라, 오랜 시간 정원을 가꾸는 이가 애정을 가지
고 만든 자기만의 개성과 이야기가 살아 있는 정원이다. 정성과 세월이
쌓인 흔적들이 모이고 모여 빛을 발하는, 자기만의 때깔이 있는, 우주에
서 오로지 단 하나뿐인 공간이다.
　책에 소개하는 모든 정원은 순수 아마추어들의 작품이다. 하지만
오랜 세월이 쌓이면서 전문가만큼 실력을 갖춘 분들의 공간도 많다. 그
들은 여전히 그냥 정원이 좋아 잠을 줄여 가며 출근하기 전 새벽에 일어
나, 집안일을 하면서 짬짬이 정원을 돌보며 즐기는 아마추어 정원사다.
새 아침의 꽃이 너무 보고 싶어 빨리 다음 날 새벽이 오기를 기다린다는
분도 만났다. 어렸을 때부터 이유 없이 그냥 식물을 좋아했거나 부모님

정원도시 부여의
마을 동산바치 이야기

이 식물을 좋아해 영향을 받은 분도 있었고, 뭔가 마당이 허전하거나 심심해서 조금씩 식물에 관심을 갖다 보니 어느새 정원으로 변했다고 말하는 분도 있었다. 그들의 정원은 개울가 좁고 긴 마당, 논 언저리 구석 작은 땅 혹은 큰길가 담을 따라 국화 화분으로 꾸민 정원 등 모두 개성이 넘친다. 정원 일은 힘든 노동이긴 하지만 즐거운 마음으로 하는 놀이 같은 노동일 것이다. 본인도 물론 즐겁지만 바라보는 모든 사람을 행복하고 즐겁게 만들어 주는 안목眼目 있는 아름다운 마음이 정원으로 표현된 것이 아닐까? 우리 모두 자연이, 혹은 이름 모를 마을 동산바치들이 선물로 주는 안복眼福과 향기를 행복하게 누릴 수 있으면 좋겠다.

　　이 해백제 무왕 13년, 612년에 백제국에서 귀화하는 자가 있었는데,
　　그 얼굴과 몸에 모두 흰 반점이 있었다.
　　혹 백라白癩에 걸린 사람인가. 사람들과 다른 것을 싫어하여
　　바다 가운데의 섬에 버리려고 했다. 그러나 그 사람이
　　"만약 반점이 있는 피부가 싫다면 국내에서 흰 반점의 소나
　　말을 사육하지 않아야 한다. 또한 나는 조금 재주가 있어,
　　능히 산악의 형태를 만든다. 나를 머무르게 하고 사용한다면
　　나라에 이익이 있을 것이다. 어찌 헛되이 바다의 섬에
　　버릴 것인가"라고 말했다. 이 말을 듣고 그만두었다.
　　그래서 수미산須彌山 모양과 오교吳橋를 남정南庭에 만들게 했다.
　　사람들은 그 사람을 노자공路子工이라 불렀다.
　　또한 이름을 지기마려芝耆摩呂라고도 하였다.

남면 회동리의 마을 꽃길은 정원도시 부여의 특화된 공공디자인 자산이다.

정원도시 부여의
마을 동산바치 이야기

남면 마정리 우평마을 마정천 주변에 500여 미터의 코스모스길이 조성되어 있다. 이곳은 주민이 주체가 되어 만든 마을 공동체 정원으로, 공공예술 작품이라고 할 수 있다.

일본의 대표적인 역사서인 《일본서기》 권22 '추고기推古紀'에 실린 내용이다. 백제의 정원술이 일본 정원문화에 영향을 미쳐 일본정원이 시작되었다는 사실을 알 수 있는 역사적으로 중요한 기록이다. 아울러 비록 일본 역사서이지만 역사에 처음으로 이름이 기록된 우리나라 최초 조경가가 백제사람 노자공 지기마려라는 사실도 추측해 볼 수 있다. 백제 무왕 시기는 부여가 백제의 수도였던 사비백제시대다. 좀 더 상상력을 발휘한다면 노자공 지기마려는 바로 부여 어딘가에 살다 일본으로 건너간 부여 주민이 아니었을까? 그리고 우리나라 최초의 조경가 후손이 부여 어디에선가 여전히 비밀정원을 만들고 즐기면서 살고 있지 않을까? 혹은 직접 만나서 이야기 나누고 기록한 정원이 어쩌면 노자공 지기마려 후손이 가꾼 정원은 아닐까?

세계 조경사造景史나 세계의 정원을 소개하는 책을 보더라도 우리나라에서 전해져 시작된 일본의 정원은 동양의 대표적인 정원으로 소개되는데, 한국의 정원이 소개되는 사례는 찾아보기 어렵다. 우리 정원을 체계적으로 세계에 소개할만한 자료를 제공하지 못하는 것도 원인 중의 하나라고 생각된다. 마을 어디서나 찾으면 만날 수 있는 소시민 동산바치들의 비밀정원이야말로 우리 고유의 정서가 과거부터 지금까지 이어져 만들어진 세계에 자랑스럽게 소개할 만한 독특한 정원이다. 이제 5세기부터 존재했던 백제의 역사적인 정원예술을 새롭게 발견하고 느껴 볼 수 있는 21세기 정원도시 부여의 비밀정원을 찾아 함께 떠나 보자.

정원도시 부여의
마을 동산바치 이야기

004		
	들어가는 글	역사적인 정원도시 부여에서 만난 동네 동산바치들의 아름다운 정원

028		
	구룡면 주정1리 침산마을 국화정원	보기에도 예쁘고 사람들과 나눌 수 있으니 더 예쁘고
	040	내산면 운치리 내산초등학교
	042	내산면 운치리 궁검대

044		
	구룡면 현암1리 돌담집 펜션정원	정원, 내가 살아가야 할 이유
	058	내산면 주암리 은행나무

060		
	남면 회동3리 바랑재 대흥농장 옻샘정원	마르지 않는 옻샘과 청심정을 품은 편안한 쉼터
	072	충화면 천당리 천당소류지

074		
	부여읍 신정리 소롱골 시인의 정원	사계절 자연의 변화와 오랜 시간의 흔적을 느낄 수 있는 곳
	084	부여읍 부소산성 태자골 숲길
	086	부여읍 백마강 대붓뚝 억새밭

088		
	석성면 증산2리 연화마을 신품종·특화식물정원	천사의나팔과 함께 시작된 희귀식물들의 보금자리

100		
	세도면 동사1리	동물들도 행복한
	동곡마을 수리재정원	자연스러운 정원
112		
	양화면 송정1리	잠이 안 오면 마당에 나와
	그림책마을 할머니의 꽃밭	꽃과 얘기해
	124	충화면 가화리 덕용저수지 습지
126		
	외산면 만수2리	세상에 단 하나뿐인
	무량마을 작은 수목원	변이종들을 품은 곳
	138	외산면 만수리 무량사 청한당
140		
	은산면 내지2리	정원은 수양하는 곳,
	산밑뜸 분재정원	바라만 보아도 기분이 좋아지는 곳
152		
	임천면 군사1리	상한 마음을 어루만져 준
	도랑개 씨앗정원	나의 정원
	164	사라진 부여의 도시화석
168		
	임천면 군사2리	드라마틱한 인생의 끝에서 만난
	개울가 항아리정원	심장을 뛰게 하는 정원
	180	임천면 군사리 마을 풍경
182		
	임천면 군사2리	작은 식물 하나라도
	솟을대문정원	공간에 어울리게 심고 가꾸면 되죠
	194	임천면 군사리 가림성 사랑나무

196
임천면 군사2리   가꾸는 사람의 즐거움을 넘어
큰 마당 돌정원   이웃에게 감동을 전염시키는 곳

208
임천면 점2리   나에게 정원은 생활이고
역티 도자기정원   삶 그 자체입니다

218
임천면 칠산1리 원칠산   정원은 쉼이라고
떡방앗간 카페 논모퉁이정원   생각해요

226   부여의 정미소

230
장암면 정암2리   장승과 솟대,
맞바위 솟대정원   정원이 반겨 주는 마을 사랑방

242   금천과 구룡평야

244
장암면 정암2리 맞바위   내 시간과 노동에
희망마을 언덕 위 정원   아름다움으로 보답합니다

254
초촌면 응평3리 오평마을   정원은 노동하는 곳이 아닌,
박골 조팝나무 요정길정원   노는 곳입니다

266   초촌면 송국리 유적지

268
초촌면 추양2리   젊은 농부가 소나무와 함께
고추골 솔이네 소나무정원   만들어 가는 행복 쉼터

276   초촌면 추양리 서당산 솔밭

278

초촌면 추양2리 　정원은 설치예술의 극치,
고추골 예술정원 　행복을 나누는 곳

292

홍산면 홍양1리 　변함없고 믿음직스러운 소나무를 향한
안양골 소나무정원 　지극한 사랑

302 　홍산면 옛 모습과 보부상 저산팔읍상무사

304 　옥산면 옥산저수지

306

　글을 맺으며 　보통 사람들의 정원이야기가
　　　　　　　　중요한 이유

구룡면 주정1리
침산마을
국화정원

보기에도 예쁘고
사람들과 나눌 수 있으니 더 예쁘고

정원도시 부여의

마을 동산바치 이야기

보기에도 예쁘고,
사람들과 나눌 수 있으니 더 예쁘고

사실 부여 비밀정원 조사를 하면서 이 국화정원 근처를 많이 오갔지만 무심코 지나쳐 버려 국화를 보지 못했다. 하지만 2020년 초가을 우연히 길가에 자라는 국화를 발견했고, 꽃이 피기만을 기다리다 결국 엄청난 풍경의 국화꽃길을 만나게 되었다. 황토벽과 탐스럽고 아름답게 핀 국화꽃이 절묘한 조화를 이루고 있는 길이었다.

비밀정원 답사를 다니다 보면 숨겨진 비밀정원이 마치 나를 기다렸다는 듯 나타나곤 한다. 이럴 때는 모래밭에서 황금을 발견한 것처럼 아름다운 비밀정원을 만나고 싶다는 나의 간절한 마음을 하늘이 알고 정원으로 인도해 준 느낌이 든다. 국화정원의 주인은 태어나고 자란 곳이 침산마을이다. 현재 살고 있는 집은 선친이 거주하던 곳으로 돌아가시고 몇 년 동안 비어 있었다고 한다. 그는 1965년 서울로 올라가서 살기 시작해 동대문종합시장에서 사업을 하다 4년 전 거의 50여 년 만에 귀향했다. 집 앞길이 부여읍에서 보령으로 가는 40번 국도라 차량 통행이 많고 곡선으로 휘어지는 길이라 조금 위험했다. 게다가 운전자들이 지나가면서 쓰레기란 쓰레기를 다 이곳에 버렸다. 그는 차량 속도도 줄이고 길도 깨끗하게 정리하고 싶은 마음에 무엇을 어떻게 할까 고민을 하다가 국화꽃을 생각하게 되었다.

그는 국화꽃과 3년 전에 처음 인연을 맺었다. 지금의 국화꽃길을 보면 정원을 가꾸는 이의 치밀한 계획이 있었고 그것이 현실화되었다고

침산마을 국화꽃길은 부여군이 지향하는 '정원도시 부여'의 정체성이 잘 드러나는 정원이며, 자랑할 만한 부여만의 고유한 공공디자인 자산이다.

정원도시 부여의
마을 동산바치 이야기

생각하기 쉽지만 사실 그는 과거에 국화는 물론 어떤 식물과도 인연이 없었다고 한다. "친구, 저거 예쁜데 잘라서 삽목 좀 할게." 그는 우연히 친구 집에서 입국한 화분에 5~10송이 정도 꽃이 피게 하는 재배 형태으로 키우는 대국재배 국화는 꽃송이의 크기에 따라서 대국, 중국, 소국으로 분류한다 을 보았고, 그걸 얻어서 삽목가지, 뿌리, 잎 등의 일부를 잘라 내어 땅에 꽂아 뿌리를 내리게 해 새로운 식물 개체를 만드는 법을 해 키우면서 국화꽃길을 만들기 시작했다고 한다.

"부여에 내려오니까 옛 친구들도 그대로 있어 좋고, 그냥 좋아요. 개인적으로 마음 아픈 좋지 않은 일도 있어서 고향에 가서 마음을 비우고 노년을 보내기로 결심하고 시골로 내려왔습니다. 귀향을 하고 마음을 비우며 사니까 모든 것이 자연스럽게 돌아가는 느낌이 듭니다. 욕심을 버리고 사니까 그렇게 마음이 편할 수가 없어요. 국화는 지인들에게 나누어 주는 재미로 기르고 있어요. 내가 받는 것 보다 주는 사람이 되어 누리는 기쁨이 열 배 백 배 더 좋아요. 내가 정성스럽게 길러서 남 주는 거 얼마나 재미있어요?"

비운 마음과 국화의 절묘한 만남이 아름다운 꽃길로 이어져, 지나가면서 무심코 보는 사람들의 눈과 마음까지도 즐겁게 해 주고 있다. 지저분한 길을 깨끗하게 하려는 마음도 곱지만 나누고 베푸는 기쁨을 몸으로 느끼며 실천하는 아름다움도 비운 마음의 여유에서 나오는 편안함이 아닐까. 나누는 기쁨은 욕심을 내려놓고 해 본 사람만이 느낄 수 있는 최고의 행복이고 기쁨이리라. "꽃을 만지고 있으면 잡념이 사라져요. 편하고 세상이 다 내 것 같고, 나쁜 사람은 없고 좋은 사람만 있는 것 같아요. 식물을 기르고 꽃을 보는 일이 재미있고 좋아요." 그가 하는 모든 말에서 긍정적인 에너지를 느낄 수 있었고, 식물과 함께하는 재미, 편안함, 기쁨이 대화 중에 고스란히 전달되었다.

국화는 봄에 줄기에서 새순이 올라오면 잘라서 삽목을 시작한다. 새순이 올라오는 대로 그대로 키우면 꽃이 작고 꽃 색도 선명하지 않다. 국화는 조금 자라났을 때부터 가지를 구부려 모양을 만드는 등 보통 손이 많아 가는 게 아니라고 한다. 현재 그의 국화정원은 친구나 지인들의 도움 없이는 혼자 힘으로 관리가 불가능하고, 화분에 물 한 번 주는 데에도 네 시간이나 걸린다. 거의 9개월을 정성껏 기르면 불과 며칠 밖에 꽃을 볼 수 없지만, 이 꽃을 보기 위해 많은 노력을 기울인다. 하지만 식물이 자라는 과정 자체의 아름다움이 모든 수고를 잊게 만든다. 작년에는 그의 동생이 크고 예쁜 꽃이 피는 수국을 선물해 주었다. 마침 보령사는 친구가 수국을 많이 기르고 있어 가지를 몇 개 얻어와 230개를 삽목해 다 살려 냈고, 지금은 이웃들에게 나누어 주고 집에 대여섯 그루만 남아 있다. 처음 해 보는 수국 삽목도 성공적으로 했다기에 전문가 못지않다고 했더니 "완전 초보! 배우는 중"이라고 강조하면서 웃는다. 비결을 물으니 매일 들여다보는 정성이라고 한다. 수국은 매년 6월 20일경 적순초목의 곁순을 잘라 내는 일을 해야 가지가 많이 올라오고 꽃이 풍성해진다고 조언을 잊지 않는다.

주택 현관 입구에 대한민국 미술대전 초대작가인 동생이 직접 쓴 김시습의 '유객청평사有客淸平寺'가 걸려 있다. 마치 옛 벽화처럼 오래된 노란 벽이 액자로 변신해 마당의 국화와 우아하게 조화를 이룬다. 속세의 모든 걸 내려놓고 부근 외산면 무량사에서 말년을 보내고 설잠雪岑스님으로 입적한 생육신 매월당 김시습처럼 오랜 타향살이를 마치고 귀향한 형의 신선 같은 편안한 삶을 바라는 동생의 마음이 담긴 작품이다.

有客淸平寺 유객청평사	나그네 청평사에 와서
春山任意遊 춘산임의유	봄 산에서 마음 내키는 대로 노니는구나
鳥啼孤塔靜 조제고탑정	새들은 우짖는데 외로운 탑은 고요하고
花落小溪流 화락소계류	꽃잎은 떨어져 작은 여울물에 흘러가네
佳菜知時秀 가채지시수	맛있는 산나물은 때를 아는 듯 돋아 나오고
香菌過雨柔 향균과우유	향기로운 버섯은 비 그친 뒤에 더 부드럽네
行吟入仙洞 행음입선동	시를 읊조리며 거닐다 신선이 사는 산골짜기에 들어서니
消我百年憂 소아백년우	나의 오랜 근심 녹아 없어지네

정원도시 부여의
마을 동산바치 이야기

정원도시 부여의

마을 동산바치 이야기

그는 농업기술센터 국화교실에서 3년째 교육을 받고 있다. 한 달에 두 번 오전에는 이론 교육, 오후에는 자기 국화를 돌보면서 실습을 하는데 시간 가는 줄 모르고 배움의 즐거움에 푹 빠져 있다. 처음 친구 집에서 가지를 잘라 와 삽목을 할 때는 국화 기르기가 뭐 별 거 있나 하고 시작했는데, 하면 할수록 어렵고 언제까지 배워야 할지, 과연 내 생전에 얼마나 더 배워야 할지 하는 생각도 든단다. 올라오는 새순을 잘라서 모래 위에 심고 물만 주면 살아나고 옮겨 심기만 하면 되는 줄 알았는데, 하면 할수록 너무 어렵단다. 그는 농업기술센터에서 새로운 품종도 보급받아 몇 종류 더 기르고 있고, 서리가 내리면 국화꽃을 더 이상 볼 수가 없기 때문에 올해는 마당에 직접 지붕을 만들어 관리하고 있다. 작년에는 꽃이 피자마자 서리가 내려 꽃을 모두 '잡아가 버렸다'고 한다. "파랗게 자라는 걸 보면 하루하루가 다르고 예뻐요. 잘 길러 예쁜 거 남 주는 재미 또한 쏠쏠하고요." 그는 요즈음 국화 분재를 배우면서 겨울 관리를 위해 작은 온실도 하나 마련했는데, 이곳이 겨울 동네 사랑방이 되어 마을 사람들이 모이는 장소가 되었다. 국화를 기르면서 짬짬이 다육식물도 길러 보았는데 별로 큰 재미를 느끼지 못해 다육식물 기르기는 중지했다. 그는 국화 분재를 기르면서 소나무 등 다른 식물의 분재에도 자연스럽게 관심이 생겨 앞으로는 국화와 함께 분재에 도전해 보겠다는 포부를 밝혔다.

그의 바람은 앞으로 도로 양편으로 마을 입구부터 침산마을 국화 꽃길을 만드는 것이다. 자동차들이 빨리 다니는 길이고 곡선도로라 위험해 사고도 자주 나고 있어 속도 제한 방편으로 과속방지턱이라도 설치해 달라고 계속 민원을 제기하지만 실현되지 않고 있다. 양편으로 꽃길을 만들면 아름다운 길이 만들어지니, 자동차 속도가 조금이라도 줄어들지 않을까, 그는 생각한다. 관리 문제가 생길 수밖에 없으니 관수가 가능하도록 길 건너에 수도관만 연결해 주면 마을 사람들하고 진짜 멋있게 꽃길조성사업을 해보고 싶다는, 소박하지만 거창한 계획을 설명하는 그의 눈이 아주 반짝반짝 빛이 났다. 말도 별로 없는 분이 목소리 톤까지 저절로 높아지며 자세하게 자신의 포부를 밝혔다. 새로운 녹색 토목공사로 조성되는 국가정원이나 지방정원 조성도 필요하고 중요하다. 하지만 마을공동체가 만들어 가는 소박하지만 진정성 있는 침산마을 국화꽃길 같은 정원이 부여가 지향하고 있는 '정원도시 부여'의 정체성이 살아 있는 정원이 아닐까. 이런 곳이 부여만의 고유하고 자랑할 만한 정원 자산이 되리라 믿는다.

정원도시 부여의

마을 동산바치 이야기

| 함께 둘러 보면 | 내산면 운치리 내산초등학교 |
| 좋아요 | |

　　　　　　　　부여를 방문하는 외지인에게 꼭 보여 주고 싶은 곳이다. 알려지지 않은 가장 '부여스러운' 장소를 꼽으라면 주저 없이 내산초등학교를 추천하고 싶다. 이 학교는 1931년에 개교한 이후 1990년대 까지는 분교까지 있었던 큰 학교였다. 지금은 인구 감소로 인근의 지티초등학교까지 통폐합했지만 각 학년 한 학급과 특수 학급 한 반, 재학생 총 40명의 작은 학교다. 이웃하는 외산면에서도 일부러 이곳까지 오는 학생이 있을 정도로 교육환경이 좋아 2020년 대한민국 인성교육대상 등 상도 많이 받았다. 봄날 이 부근을 지나다 보게 된 학교 모습은 마치 영화의 한 장면처럼 인상적이었다. 봄이면 오래된 벚나무가 계향산을 배경으로 운동장 한편에서 하얀 꽃잎을 날리며 지나가는 사람을 유혹하듯 자태를 뽐낸다. 야외학습을 하는 어린이들의 즐겁고 환한 웃음소리가 운동장을 울리는 한가로운 모습은 저절로 동심으로 돌아가게 만든다. 지금은 그리 흔하지 않은 오래된 조형 향나무가 콘크리트로 만든 채색한 동물상이나 위인상들과 조화를 이루고 있다. 도시에서 이런 풍경

을 접하면 생뚱맞을 수도 있지만 여기서는 어쩐지 분위기에 딱 맞게 느껴진다. 4월 초 봄날에 방문한다면 꽃비를 맞으면서 진한 향수에 취해 보며 잊지 못할 평생의 기억을 만들어 갈 수 있을 것이다.

1 봄이면 계향산을 배경으로 자리 잡은 벚나무가 저절로 발길을 멈추게 한다.
2 부여를 방문하는 외지인에게 꼭 보여 주고 싶은 부여다운 아름다운 풍경
3 요즈음은 보기 드문 조형 향나무와 시멘트 조각

내산면 운치리
내산초등학교

> 함께 둘러 보면
> 좋아요

내산면 운치리 궁검대弓劒臺

　　부여군향토유적 87호로 지정된 궁검대는 조선시대 단종의 죽음을 슬퍼하며 김효종이 3년상을 치루며 충절을 지키던 곳이다. 김효종은 정3품 사복시정司僕寺正, 사복시는 임금의 가마를 돌보고 말이나 목장을 관장하는 기관으로 사복시정은 사복시 최고의 관리다을 지낸 인물로 문종이 돌아가시고 왕위에 오른 단종을 폐위시킨 수양대군세조의 국록國祿을 받는 걸 거부하고 부여 홍산현으로 내려왔다. 궁검은 왕의 죽음, 장례, 무덤 등을 이르는 말이다. 단종이 영월에서 돌아가셨다는 소식을 듣고 내산면 운치리 뒷산 서운산에 초가를 짓고 날이 밝으면 매일 궁검대에 올라가 영월을 바라보며 비통한 마음으로 3년을 지냈다고 한다. 청일서원으로도 알려진 홍산면 청일사淸逸祠에 김시습과 김효종이 함께 배향配享되어 있다. 김시습과 김효종은 수양대군의 왕위 찬탈篡奪에 실망하고 세상을 등지고 살면서 교우관계를 맺기도 했다. 궁검대는 요즈음은 좀처럼 찾아보기 어려운 충의忠義, 절의節義 정신을 되새기며 부여의 절경을 바라보기 좋은 곳이다.

1 궁검대에서 바라본 부여의 풍광
2 궁검대의 이끼 낀 바위는 백제 산수무늬 벽돌 문양을 연상시키는 한 폭의 산수화다.

내산면 운치리
궁검대

구룡면 현암1리
돌담집
펜션정원

정원,
내가 살아가야 할 이유

정원도시 부여의
마을 동산바치 이야기

정원,
내가 살아가야 할 이유

몇 년 전
현암리 이사 오기 전
나의 꽃밭이 그립네요
어릴 적 할머니 댁에서
할머니의 꽃밭을 기억하고 싶은
한 소녀는
이제 그 할머니의 나이가 되어서
할머니도 그립고
할머니의 꽃밭도 그립고

instagram @th.mandlgo 2021.12.11.

어릴 때부터 부여읍에 살았다는 돌담집 펜션정원 주인은 어정쩡하게 도시도 시골도 아닌 읍내가 싫어서 시골 논밭 주변에 살면서 학교 다니는 친구들이 그렇게 부러웠다고 한다. 나중에 논이 옆에 있는 집에서 꼭 살고 싶다는 생각을 한 그는 책이나 잡지 같은 걸 봐도 전원생활이 주제가 되는 꼭지에 제일 먼저 눈이 갔다. 이렇게 나름대로 계속 시골 생활을 꿈꾸었던 그는 대전에 살 때 주중에는 논산으로 출퇴근을 했다. 그리고 금요일 저녁이 되면 남편과 함께 친정인 부여로 내려갔다. 친정의 무너진 방 하나를 화장실과 아궁이가 있는 황토방으로 고쳐 그렇게 3년을

정원도시 부여의

마을 동산바치 이야기

부여에서 주말을 보냈다.

　　이때부터 엄마와 땅 싸움이 시작되었다. 엄마는 먹을 거, 그는 화초 심기! 두 사람 사이에는 계속 충돌이 생겼다. 작은 터만 있어도 엄마는 채소를 심고 싶어 했다. 그는 엄마가 감자를 심고 싶어 하면 "감자 많이 사다 드릴게" 하면서 엄마를 달래 작은 텃밭에 화초를 많이 심기 시작했다. 화원이나 꽃박람회 등에 가게 되면 나중에 마당이 생기면 심을 요량으로 맘에 드는 묘목을 구해 엄마네 집 구석구석에서 키웠다. 지금 집으로 이사 오면서 옮겨 심은 개키버들 '하쿠로 니시키'삼색버들, 삼색버드나무, 화이트 핑크 셀릭스 등으로도 불린다가 부엌 앞마당에서 자태를 뽐내고 있다. 20여 년 전 안면도자연휴양림에서 산 예쁜 병꽃나무도 제자리를 만난 듯 넓은 마당에서 잘 자라고 있다.

　　그는 아이들 어릴 때부터 여행을 많이 다녔다. 남편이 '길 뚫린 데는 다 가 보자'고 외치는 사람이라 이런 데도 사람이 살까 싶은 오지까지 전국을 다니면서 살 곳을 찾았다. 직업 특성상 지역과 관계없이 전국 어디든 마음에 드는 곳에서 직장을 구해 살 수 있었지만, 귀소본능처럼 다시 부여로 오게 되었다. 마침 애들도 서울에서 일을 하게 되어 세간살이 다 남에게 주고 몇 가지만 챙겨 전에 살던 아궁이가 있는 황토방으로 이사를 왔다. 단출하게 왔는 데도 방이 좁아 남편하고 둘이 살기에도 숨이 막힐 지경이었지만 한편으로는 비록 단칸이라도 황토방에서 생활하다 보니 "여기 살면 좋겠다"는 생각이 들었다. 그 이후로는 여행도 안 다니고 집에만 있고 싶을 정도로 시골생활에 만족하며 살았다. 그런데 어느 날 남편과 함께 아궁이 앞에서 '불멍'을 즐기며 기타 치고 노래를 부르는데 시끄럽다고 옆집 사람과 말다툼을 하고 난 후, 다음 날부터 본격적으로 시간만 나면 집을 보러 다녔다. 간호사라 오후 두세 시에 퇴근하면 아예 곧바로 집을 보러 다니다 밤 열 시에 집에 들어올 정도로 열심히 새 집을 찾았다.

마침내 부여에서 마음에 드는 집을 찾아 이 집에 정착한 지 3년이 되었다. 원래는 공인중개사무소 소개로 근처 다른 집을 보러 갔다가, 옆집 뒤뜰에 사는 족히 반백 년은 넘어 보이는 소담한 모란과 장독대 위에 늘어진 무화과나무에 반해, 보러 갔던 집이 아니라 현재의 집을 사기로 결정하고 그날 바로 계약을 했다. 이 집의 역사와 거의 함께했을 것 같은 모란은 봄마다 요염하면서도 우아한 자태를 뽐낸다. 모란이 한꺼번에 피어나면서 집에 은은한 향기가 감돌면 이 집의 품격을 저절로 느낄 수 있다. 부인은 큼지막한 뒤뜰이 있는 걸 보니 이 집이 부잣집이었음을 짐작할 수 있었고, 남편이 한밤중에 기타를 치며 노래해도 망신산望宸山 아래 남쪽 마을 끝집이라 뭐라 할 사람 없는 이 집 위치도 너무 좋았다고 말한다.

현암리는 임야가 72퍼센트를 차지하는 곳으로 구룡면의 산간지대다. 깊은 산으로 둘러싸여 있어 가끔 멧돼지도 나타난다. 돌담 밑의 수로와 길 건너 냇가도 농수로라 아무리 가물어도 물이 마르지 않는다. 산과 물과 논이 어우러진 자연환경도 풍경도 일품이다. 마침내 논이 옆에 있는 집에 살고 싶다는 어릴 적 소원이 이루어졌다. 할머니 한 분이 살고 계셨는데 헛간의 물건이나 오래된 살림살이를 그대로 놓고 나가서 오래된 그릇이나 깨진 가마솥까지도 정원 이곳저곳에서 화분이나 헛간 카페 장식품으로 잘 활용하고 있다. 최근에는 아직 손이 닿지 못한 부분을 정리

애정으로 정성스럽게 가꾼 정원에 200여 종의 식물이 자라고 있다.

이곳으로 이사 오기 전에 가꾸던 부여읍 친정집 꽃밭. 무너진 방 하나를 화장실과 아궁이가 있는 황토방으로 고쳐 3년간 남편과 함께 주말을 보내다가 현암리에 정착했다. ⓒ황인희

정원도시 부여의
마을 동산바치 이야기

하다 오래된 주판 세 개와 50여 년 전 1969년 7월 1일 〈조선일보〉를 발견했다. 누군가에게는 추억이었을 물건을 보면서 잠시 그 시절로 돌아가 볼 수 있었다고 말한다. 70년이 넘은 흙집에서 또 어떤 추억의 보물이 또 어디선가 발견될지 늘 기대가 된다는 말도 덧붙였다.

정원 주인의 식물 사랑은 어릴 때 많은 시간을 보낸 할머니 댁에서 시작되었다. 할아버지가 한의사였는데, 할머니는 늘 하얀색 옷을 깔끔하게 차려입은 정갈한 모습으로 마당에서 꽃밭을 가꾸셨다고 한다. 어릴 때지만 작약, 채송화, 장미 등 철 따라 꽃을 피우는 식물들을 보며 네 살 차이 나는 고모랑 "참 예쁘다"고 말하던 기억도 떠올렸다. 할머니가 텃밭에서 바로 뜯은 상추와 먹던 밥이 맛있어 식사 시간이 다가오면 언제 "밥 먹자"는 소리가 들리나 귀를 기울이며 기다렸던 추억도 있다.

시골에서 마음껏 식물과 함께할 수 있는 내 마당이 생기니 어떤 식물도 너무 귀했다. 꽃이 피면 잡초까지도 예사로 안 보여 들풀 하나가 솟아나도 함부로 뽑아 버리지를 못했다. "얘가 어떻게 여기서 나왔어?" 정원에서 벌어지는 모든 자연의 변화가 감동이고 힐링이었다. 굳이 돈 주고 사지 않아도 그냥 들판에서 캐다가 정원에 심으면 여기저기서 싹과 꽃이 올라왔다. 어느새 마당을 뒤덮은 냉이꽃이 얼마나 예쁜지. 남편은 힘이나 기술이 필요한 일은 돕지만 화초에는 큰 관심이 없고 일도 안 해서 정원 주인은 혼자서 정원관리를 도맡아 하고 있다.

돌담 쌓기 등 남의 힘을 빌려야 하는 일부 일을 제외하고 웬만한 일은 대부분 부부가 손수 했다. 화단도 큰 돌을 빼면 대부분 부부가 다 주워 온 것이다. 마당을 정리하면서 화단에 쓸 수 있는 작은 돌이라도 나오

정원도시 부여의

마을 동산바치 이야기

봄이면 반백 년은 넘게 산뜻한 모란이 요염하면서도 우아한 자태를 뽐낸다. 모란이 한꺼번에 피어나면 은은한 향기가 감돌면서 이 집의 품격을 높여 준다.

모종에서 나무로 자란 분재형 목마거리트는 관리만 잘하면 사계절 꽃을 볼 수 있어 주인이 아끼는 식물이다.

면 부부의 눈에는 그 돌이 그렇게 예뻐 보였다. "이곳으로 이사와 직장을 다녔던 2년 동안은 사람들이 집으로 다시 출근한다고 할 정도로 겁나게 일을 했어요." 그는 식물이 좋아 길러 보긴 했지만 약 1700제곱미터 규모의 큰 정원을 관리하려니 아는 게 없어 인터넷을 뒤지면서 식물 공부를 해 나갔다. 그야말로 성공과 실패의 과정을 반복하고 체험하면서 현장 경험을 쌓았고 지금은 누가 봐도 프로정원사가 되었다. 마당의 식물 종류를 정확하게 세어 보진 않았지만 얼추 200종은 될 것 같다.

　봄이 되면 돌계단 사이사이에서 제비꽃이 얼굴을 내밀고, 연보랏빛 작은 꽃을 피우는 큰봄까치꽃정명 큰개불알풀이 마당 한편을 온통 뒤덮기도 한다. 모종에서 나무로 자란 분재형 목마거리트나무쑥갓는 관리만 잘하면 사계절 꽃을 볼 수 있어 그가 아끼는 식물이다. 겨울에는 온실에서 키우는 화초가 한순간에 얼어 버리니까 날이 갑자기 추워지면 밤에 자다가도 두 시간마다 살펴볼 때도 있다. 화초들은 겨울에도 죽지만 습하고 더운 여름에도 많이 죽어서 작년과 올해 많이 죽었다. 그는 독일 작가 헤르만 헤세가 가장 애착을 가지고 키웠다는 한련화를 제일 좋아하는데, 온실에서 키우다가 따뜻해지면 마당으로 데리고 나온다. 오래된 작은 외발 손수레 위에서 수수한 아름다움을 뽐내더니 어느새 씨가 날려 올해는 앞마당에도 뿌리를 내렸다. 가끔 화초를 다른 자리로 옮겨 보기도 하는데, 화초들이 꼭 제자리 찾아 앉은 것처럼 편안하게 잘 자라는 모습을 보는 재미도 쏠쏠하다. 정원과 함께 사계절 변하는 자연 풍경을 즐기려고 집을 개조하면서 통창을 만들었는데, 부엌이든 방이든 어디서나 아름다운 풍경이 시원하게 펼쳐지는 모습을 즐길 수 있어 좋다고.

정원도시 부여의

마을 동산바치 이야기

주인은 한련화꽃을 제일 좋아한다. 온실에서부터 기르다 따뜻해지면 마당으로 데리고 나온다.

"정원은 내게 살아가야 할 이유를 만들어 줍니다. 삶이 지탱이 안 될 정도로 힘들 때도 정원에서 웃으면서 다 털어 버리지요." 직업이 투석간호사라 응급상황을 많이 경험한다. 1퍼센트의 잘못도 허용되지 않고 수도 없이 위험할 수 있는 상황이 발생한다. 물론 다른 간호사가 잘못했을 때에도 재빨리 대처해야 한다. 이렇게 무척 힘든 일이라 2년 전 간호사 일을 그만두었다. 형제 두 명을 한 해에 하늘나라로 보내야 했던 감당하기 힘든 아픔도 겪어야 했다. "정원에 있으면 직장에서 받은 스트레스와 긴장감을 풀 수 있는 여유도 생기고, 도저히 잊기 어려운 아픔도 치유받을 수 있어요." 그는 때때로 날이 환해지기만을 기다린다. 빨리 뜰에 나가 나를 기다리는 꽃들이 어제와 다른 어떤 모습으로 반겨 줄지 보고 싶기 때문이다. "정원이 없으면 살 수 없어요." 새벽 6시부터 8시 30분까지

뜰에서 일을 하고 오후에도 2시간 이상 정원 가꾸기를 한다. '오늘은 이만큼은 하고 말테야!' 외치며 하루하루 풀을 뽑고 만져 주고 다듬다 보니 3년 만에 그래도 정원다운 모습을 이루었다. 자연의 품에 안겨 계절 따라 변하며 살아 있는 식물과 함께하는 정원 가꾸기가 그는 무척 재미있다. 게다가 직업이 직업이니만큼 죽음을 많이 접하다 보니 그래도 뭔가 더 열심히 하려 하고, 살아 있는 동안은 잘 살아야겠다는 생각으로 더 정성껏 정원을 돌보게 된다.

　그의 집은 현암리 돌담집 펜션으로 많이 알려져 있다. 지은 지 70년이 넘은 고택을 뼈대만 두고 부엌은 입식으로 고치고 전망을 위해 큰 창을 새로 낸 거 외에는 오래된 창호와 서까래, 천정도 옛 모습을 그대로 유지하고 있다. 펜션을 처음부터 계획하지는 않았다. 방문하는 사람들이 혼자 보고 즐기기에는 아깝다고 개방하라고 압력을 넣어서 시작하게 되었다. 원래 한 채의 살림집이라 방 한 칸만 분리해 객실로 사용하고 있는데, 커다란 창으로 내다보이는 자연환경과 정원이 어우러지는 풍경이 머무르는 사람들의 몸과 마음을 편안하게 어루만져 준다.

　수건 한 구석, 커튼, 테이블보 등 조금 관심을 가지고 보면 천으로 만든 이 집 물건에서는 어디서나 자수를 발견할 수 있다. 모두 정원 주인의 솜씨로 조그만 꽃 한 송이에 잔잔한 아름다움이 스며들어 있어 물건을 사용하는 사람들을 반기며 배려하는 느낌을 준다. 정원 주인이 노동과 애정으로 정성스럽게 만든 정원에서 손수 만든 양갱과 함께 집 뒤의 망신산에서 생강나무꽃을 따서 직접 덖었다는 향기로운 귀한 차를 대접 받으니 많은 것이 치유되는 듯한 즐거운 만남의 시간이었다.

정원도시 부여의
마을 동산바치 이야기

함께 둘러 보면 좋아요

내산면 주앞리 은행나무

목마른 사슴이 물을 마시는 모습의 마을 지세 때문에 '녹간마을'로 불리는 축융봉 끝자락에 천연기념물 320호로 지정된 수령 약 1500년으로 추정되는 은행나무가 있다. 백제 성왕16년 사비천도 당시 이 마을에 살던 좌평佐平 맹씨孟氏가 심었다는 전설이 전해진다. 좌평은 백제 벼슬 16관등 중 제1품으로 오늘의 국무총리나 장관에 해당되는 관직이라고 한다. 은행나무 둘레가 약 8.6미터로 어른 여섯 사람이 팔을 벌려야 끌어안을 수 있을 정도로 굵다. 옆으로 뻗은 은행나무 긴 가지가 마치 내산면 운치리의 서운산과 계향산을 품고 있는 듯한 모습이다. 전국에 오래되고 큰 은행나무가 많지만 우리나라 천연기념물 은행나무로는 용문산 은행나무와 함께 이 나무가 나이가 제일 많다. 이 마을은 백제가 멸망할 때 모두 폐허가 되었지만 이 나무는 칡넝쿨에 감기는 재난을 겪으면서도 살아남았다는 이야기가 전해진다. 최근까지도 나라의 크고 작은 변화가 생길 때마다 은행나무가 여러 가지 징조로 예견했다는 이야기도 이 나무가 범상치 않다는 사실을 보여 준다. 음력 정월 초이

든날요 행단제÷賣祭라고 부르는 마을제사를 지내고, 칠석음력 7월 7일에는 마을 주민들이 모여서 새로운 흙으로 뿌리를 덮어 보호하고 주변을 정화하는 의식을 진행한다. 엄청나게 달리는 은행을 다 수확하고 잎까지 떨어지면 휘어진 가지가 받침대에서 10센티미터 올라갈 정도로 여전히 강한 생명력을 보여 주는 나무다.

1 수령 1500년이나 된 천연기념물 제320호 은행나무 뒤로 내산면 서운산이 보인다.
2 이 은행나무에는 아직도 가을이면 엄청난 양의 은행이 열린다.

내산면 주암리
은행나무

남면 회동3리
바랑재 대흥농장
옻샘정원

마르지 않는 옻샘과 청심정을 품은
편한한 쉼터

정원도시 부여의

마을 동산바치 이야기

마르지 않는 옻샘과 청심정을 품은
편한한 쉼터

　　　　　　　　남면 행정복지센터에서 소개받을 때만 해도 농장이 정원이라니 아마도 내가 찾는 정원은 아닐 수도 있다는 의심 반 기대 반의 마음이었다. 하지만 입구에 도착해 아래로 펼쳐진 농장의 모습을 보니 나무에 가려 전경이 잘 보이지는 않았지만 연못과 정자의 모습이 남다른 것이 품었던 의심이 사라졌다. 경사진 길로 내려가니 강아지들이 먼저 반겨 주고, 개 짖는 소리를 듣고 양봉장에서 벌들을 돌보던 사장님이 우주복 같은 옷차림으로 나오시며 반갑게 맞이해 주었다.

　　그의 고향은 부여읍 쌍북리로, 부여읍에서 살다가 이사 온 지 37년 되었다. 토건업을 하다가 평생 보장된 안정된 일자리와 노후에 쉴 곳을 만들자는 생각으로 농장을 시작했다. 39세에 노후를 생각했다는 것이 스스로 기특하고 지금 돌이켜 봐도 아주 잘한 결정이었다고 자평한다. 처음에는 약 3만제곱미터 규모의 국유림을 불하 받아서 농사를 시작했다. 한 발자국도 들어갈 수 없는 가시덤불로 우거진 밀림 황무지를 개간해 농장으로 만들었다. 개간할 때 농장 한 귀퉁이 지하에서 계속 물이 흘러내려 지역 주민들에게 물어보았더니 '옻샘'이라는 답이 돌아왔다. 예로부터 산이 깊어 사람들이 나무하러 왔다가 여기에서 쉬면서 물을 마시거나 등목을 했고, 기미년 심한 가뭄에도 하루도 마른 적이 없는 샘이라고 했다. 옻샘은 옻이 올라도 고칠 수 있는 양질의 물이 솟는 샘으로, 겨울에도 얼지 않고 사계절 섭씨 13도 정도의 수온을 유지한다. 간단한 수질검사도 해 보았는데 상당히 좋았다.

옻샘과 관련한 재미난 이야기도 들려주었다. 어느 날 낯선 사람이 옻샘에서 물을 긷고 있어 이유를 물었더니 편찮은 아버지가 정확히 위치를 알려 주시며 옻샘의 물을 마시면 병이 나을 것 같다고 말했다고 한다. 고향은 이웃한 충화면이지만 지금 인천에 살고 있다는 그 사람은 일부러 이 물을 받기 위해 인천에서 내려온 것이다. 그는 그 후에도 몇 번 물을 길으러 왔다고 한다. 모두가 어렵던 어린 시절 동네 약수는 그야말로 특별한 만병통치약이었던 셈이다.

정원 주인은 평소에 어디서 멋진 곳을 볼 때마다 나도 저렇게 한번 만들어 보아야겠다는 생각을 하고 있었다. 그리고 자신의 땅이 생기고 난 후 그곳이 옻샘이 있는 계곡이라는 점을 살려 샘을 중심으로 37년간 해마다 조금씩 나만의 정원을 조성했다. 물이 늘 나오는 부분이 10~15미터 깊이의 계곡이라 어떻게 활용할까 고심하다가 옆의 나지막한 산을 깎아서 계곡을 메우는 '평탄 작업'부터 했다. 먹는 샘과 함께 농사에 사용할 물을 저장할 겸 연못을 만들어 그리로 흘려보내기로 했다. 연못 돌 쌓는 전문가의 도움으로 연못 밑에 큰 돌을 깔았고, 현재 깊지 않은 연못에는 수초가 자라고 있다.

그 앞에는 '맑은 마음'이란 뜻을 담은 아름다운 정자 청심정淸心亭이 자리한다. 정자를 사이에 두고 반대편 조금 낮은 곳에 작은 연못을 하나 더 조성했는데, 수련이 가득하다. 청심정은 두 연못 사이에 떠 있는 배 같다. 하나의 공간에 마련된 정자는 단지 풍경을 조망하기 위한 장소가 아니라, 그 풍경과 조화를 이루는 하나의 요소가 된다. 청심정에 앉으니 한가롭게 들리는 풍경소리와 휘어진 소나무 기둥들이 조화를 이루며

옻샘이 있는 계곡을 독창적으로 해석해 연못과 정자가 있는 편안하고 아름다운 정원으로 만들었다. 청심정 안에 있으면 자연스럽게 주변 아름다운 풍경에 녹아 들어 가면서 마음이 맑고 시원해진다.

정원도시 부여의

마을 동산바치 이야기

멋스럽게 느껴진다. "청심정에 앉아 있으면 한여름에도 무더위가 가시고, 멀리 남면과 홍산면의 들이 한눈에 시원하게 들어와요. 아침에 안개라도 끼면 무릉도원이 따로 없는 신비스럽고 환상적인 풍경이 펼쳐지지요. 바로 옆에 있는 호두나무의 독특한 향과 함께 평정심이 생기면서 마음이 편안해집니다." 내가 직접 애쓰고 가꾸는 노동의 대가를 확실하게 즐길 수 있는 게 정원이다.

정자 기둥에 무슨 무늬 같은 것이 군데군데 있기에 물으니, 촘촘히 파낸 줄무늬 흔적은 일제강점기 때 일제가 전쟁의 원료로 쓰려고 송진을 채취해 간 자국이란다. 말로만 듣던 역사의 한 장면이 이 기둥에 새겨져 있었다. 지인이 이 나무 기둥을 소개해 준다고 같이 나무를 보러 갔는데 그가 오히려 먼저 탐을 내 그 자리에서 바로 구입을 했다. 아직도 보령의 산에서 이런 흔적을 찾아볼 수 있다고 한다. 정자 옆에 서 있는 멋들어진 소나무는 산을 개간하면서 옮겨 심고 직접 전지도 해 주면서 정성스럽게 키우고 있다. 37년을 함께한 농장의 살아 있는 역사로 매우 소중하게 돌본다. 정자를 둘러싼 사방 둔덕에는 꽃을 보려고 심었다는 배나무 몇 그루가 봄철이면 하얀 꽃을 피운다. 배나무꽃은 함께 피어나는 튤립, 무스카리, 수선화와 조화를 이루면서 품위 있고 우아한 풍경을 만들어 낸다. 아름다운 풍경 속에 있으니 나도 모르게 자연스럽게 그 풍경에 녹아 들어가면서 마음이 맑고 시원해지는 것 같았다.

대흥농장은 밤, 은행, 대추, 포도는 물론 양봉까지 다양한 것들을 기르지만 주요 재배 작물은 호두다. 경작 면적이 3만3000제곱미터가 넘는다. 호두나무를 기르기 위해 교육받는 사람들이 현장답사를 위해 이곳에 많이 온다. 옻샘이 있는 계곡을 독창적으로 해석해 만든 아름다운 정원은 호두농장을 방문하는 많은 교육생들에게 편안한 쉼터가 되어 준다. 봄에 꽃잔디와 영산홍에 꽃이 피면 사람들이 와서 '여기가 천국이로구나. 내 꿈이 이거였는데'라고 말하곤 하는데, 그때마다 정원 주인은 보람을 느낀다. 뜰이 넓어서 풀 매는 일만 해도 품이 많이 든다. 네팔이나 태국 등에서 온 외국인 노동자들이 상주해 일을 해 왔는데 요즘에는 코로나 때문에 사람을 구할 수가 없다. 호두 외에도 대추와 밤도 기르고 양봉도 하는데 일손이 없어 이 일 저 일 급한 일부터 혼자 처리하다 보니 정원 일도 몇 년째 손을 놓은 형편이라 보여 줄 것이 없다며 무척 아쉬운 표정을 지었다. 하지만 마침 농장을 방문한 시기가 호두 수확철이라 호두나무 그늘 아래서 신선한 호두를 맛보는 즐거움을 누렸다.

농장을 구경하러 언덕으로 올라가 큰 저장고로 들어가려는데 문앞에서 그가 이렇게 물어보았다. "이제까지 다녀 본 부여 정원 중에서 우리 정원은 몇 번째죠?" 아이 같은 갑작스러운 순박한 물음에 순간 웃음이 터졌다. 욕심이 아니라 자부심과 선한 경쟁심에서 나온 말이라는 걸 알 수 있었다. 저장고에 들어가 보니 호두 재배 교육생과 방문객이 여러 품종의 차이를 한눈에 알아볼 수 있도록 깔끔하게 전시해 놓은 것이 눈에 들어왔다. 교육생이 견학을 와서 '하!' 하고 감탄하는 소리가 안 나오면 기분이 언짢다고 할 정도로 그는 자신감이 넘친다. 비닐하우스에서 포도를 길러 전국에서 최고는 물론 서울 가락동 농수산물도매시장에서도 최고가로 인정받는 포도를 생산하기도 했다. KBS '밝아오는 새 아침'에서 포도 재배 강의를 하기도 하고, 농촌진흥청 포도전문반 강사

정원도시 부여의
마을 동산바치 이야기

와 농수산대학교 교수로도 활동했다. 또 호두 대흥 1호가 전국과수품평회에서 최우수상을 받기도 했다. 농장을 시작하고 8년째 되던 해인 1991년도부터 상을 받기 시작해 자랑스런 부여인상, 새농민본상 전국에서 1년에 한 번 대여섯 명 정도 선정 본선에서 과학상도 받았다. 이렇게 상복이 많은 그는 국내 최초로 포도나무를 1년에 두 번 수확했다.

 어렸을 때 읍내 연립주택에 살아 따로 마당이 있는 정원은 없었지만 어머니가 식물을 좋아해 주택 입구에 식물을 기르고 정원을 가꾸었다. 어머니는 2006년에 돌아가셨지만 그는 당시에 기르던 나도사프란을 아직도 소중하게 간직하며 돌보고 있다. 그는 이곳을 지나가던 사람이 우연히 풍경을 보고 발걸음을 멈추어 '여기서 편하게 쉬면 너무 좋을 것 같다'는 말을 하는 걸 가끔 듣는다. 이 정원을 자식이 이어받아 지킬 수도 있고, 그 누구라도 유지시켜 준다면 이웃과 나라에도 좋을 거라는 소박한 생각으로 아직도 농사짓는 틈틈이 멋진 정원으로 가꾸어 나가고 있다. 정원을 좋아하고 만들게 된 특별한 계기가 있었는지 물으니 간단하지만 명료하게 답을 준다. "인간이면 누구나 꽃을 좋아하고, 동물이나 살아 있는 생물을 좋아하잖아요. 저도 그렇게 자연스럽게 정원을 만든 게 아닐까요?" 정원은 태초부터 인류와 함께했고 자연과 함께하는 한 사라지지 않을 인류의 문화유산이다.

              정원도시 부여의
               마을 동산바치 이야기

| 함께 둘러 보면 좋아요 | 충화면 천당리 천당소류지 |

충화면은 한국전쟁이 끝나고도 한참 후에야 전쟁이 났다는 걸 알았다는 우스갯소리가 있을 정도로 부여에서는 산이 깊은 오지다. 소류지沼溜地는 경작지에 농업용수를 공급할 목적으로 하천이 없는 지역에 만든 규모가 작은 저수시설을 말한다. 소류지는 규모가 큰 저수지와는 달리 마치 정원의 연못처럼 아기자기한 아름다운 모습을 보여 주는 경우가 많다. 천당소류지는 충화면 소재지에서 오덕리 방향 덕용저수지로 넘어가는 길 왼편 제구산帝舊山 끝자락에 위치하고 있다. 곧은 길도 아니고 경사진 산길이라 천천히 갈 수밖에 없고 오고 가는 차도 드물어 풍경을 즐기며 가기 좋은 길이다. 소류지 수면 위로 투영되는 산자락의 모습과 함께 봄에 꽃비라도 내리면 무릉도원이 따로 없는 비밀의 정원이 펼쳐진다. 부여 곳곳에서 볼 수 있는 소류지 주변이 각각의 특색을 지닌 비밀정원으로 가꾸어져, 정원도시를 꿈꾸는 부여의 독특한 정원자산으로 거듭나기를 기대해 본다.

깊은 산 소류지는 단순한 저수시설이 아니라 아름다운 비밀정원 역할을 한다.

충화면 천당리
천당소류지

부여읍 신정리
소롱골
시인의 정원

사계절 자연의 변화와
오랜 시간의 흔적을 느낄 수 있는 곳

정원도시 부여의
마을 동산바치 이야기

사계절 자연의 변화와
오랜 시간의 흔적을 느낄 수 있는 곳

대문으로 들어서서 언덕으로 올라가니 정남향 부여읍 방향 들판으로 시야가 확 트인 입지 좋은 곳에 주택이 자리하고 있다. 큰 바위로 만든 창강 박종선 시비詩碑가 방문객을 맞이하고 수줍지만 편안한 표정의 안주인이 우리를 반겨 주었다. 부부는 결혼하고 시아버지가 마련해 준 아래채에서 살다가 장마 때 자주 물난리가 나서 1994년에 현재 위치에 집을 지었다. 두 사람은 부여에서 모두 교직생활을 했고 남편은 교장으로 퇴임했다.

집 앞 둔덕에는 소나무와 보기 좋게 키운 반송이 있고 그 사이로 석산꽃무릇, 맨드라미, 마리골드가 흐드러지게 피어 있었다. 빨간 석산꽃과 맨드라미 사이로 저 멀리 벼가 익어 가는 풍경이 펼쳐졌다. 이런 풍경은 도시에서는 물론 어디서나 쉽게 볼 수 없는지라 매일 이런 풍광을 즐기는 부부가 부러웠다. 누군가가 표현했듯이 풍경은 지금 보고 있는 바로 그 사람이 주인이라는 말이 떠올라 잠시나마 나도 풍경의 주인이 되어 눈앞에 펼쳐진 모습을 즐겨보았다. 마리골드는 눈이 안 좋은 딸을 위해 약을 치지 않고 몇 년째 재배하는데, 살짝 쪄서 건조시킨 후에 차로 만든다고 한다. 눈에 좋다는 마리골드 차를 내어 주어 마시는데 코끝으로 꽃향기가 진하게 느껴졌다.

정원 주인은 결혼하고 이 집으로 이사 오면서 자연스럽게 땅이 생겨 시간 나는 대로 나무도 심고 식물을 가꾸면서 정원을 만들어 가기 시작했다. "겨울에는 나뭇가지 위에 소복이 쌓인 눈, 가을에는 단풍, 봄과

정원도시 부여의

마을 동산바치 이야기

이 집 정원에서는 빨간꽃을 피우는 석산과 맨드라미 사이로 멀리 벼가 익어 가는 풍경을 볼 수 있다. 철마다 다양한 색의 꽃을 피우는 식물들로 가득하다.

곰사육장을 작품 전시실로 개조해 그동안 만들어 온 서각, 그림, 시를 전시하고 있다.

여름에는 피어나는 꽃을 보죠. 정원의 사계절이 나를 즐겁게 해 주어요." 아침저녁 틈틈이 시간 날 때마다 싹이 트고 꽃이 피는 식물을 보면서 자연의 변화를 유심히 들여다보는 재미가 있고 행복함을 느낀다고 말한다.

동산 아래로 내려가니 넓은 마당이 펼쳐지는데, 전체가 약 6000제곱미터 규모다. 나물로도 먹는 민들레, 신선초, 어성초가 자라고, 여기저기 보이는 곳마다 꽃을 피운 여러 식물들이 바람결에 나부끼고 있었다. 이 집 정원의 초목은 여름의 무더위와 장마 피해를 피해 간 듯 싱싱하고 풍성했다. 교회를 다니는 안주인은 성전 꽃장식을 맡아서 할 때는 계절별로 그 용도의 식물들을 주로 키웠는데, 그 일을 그만두고 나서는 정원에서 피는 꽃도 변하기 시작했다. 시아버지가 마련해 주었던 아래의 두 채는 낡았지만 현재도 보존하고 있다. 그냥 버려졌을 수도 있는 여러 종류의 농기구와 구옥의 문짝 등 농촌에서 사용하던 크고 작은 생활용품들을 수집해 실내는 수장고로 사용하고 벽에 걸어 전시도 하고 있다. 가치를 알아보는 눈썰미 덕에 살아남은 손때 묻은 물건들이다. 일부 농기구는 부친이 평생 농사지을 때 사용하던 물건이니 단순하게 오래된 물건이 아니라 이 집의 역사와 흔적이 남아 있는 가치가 있는 유물인 셈이다.

농사를 모르는 문외한의 눈에는 농기구들이 신기한 도구들의 집합으로 보였다. 이 정도면 본격적으로 생활사박물관을 차려야겠다고 하니, 그렇지 않아도 은퇴 후 은산면 폐교를 활용해 취미로 해 온 서각글씨나 그림을 나무나 기타 재료에 새기는것 작업실과 함께 '아빠 학교 엄마 교실 박물관' 이라는 교육박물관을 마련했다고 한다. 운영이 어려워 지금은 할 수 없이 문을 닫아 아쉽다는 말도 덧붙인다. 다행스럽게도 수집해서 전시하

정원도시 부여의
마을 동산바치 이야기

던 물건은 관심 있는 분이 일괄 인수해 다른 곳에서 전시하기로 해 박물관은 계속 될 것 같다. "옛날 교과서 등 모든 물건이 어느 하나 소중하지 않은 게 없지만 특히 어렵게 수집한 40여 대의 풍금은 못 잊을 거 같아요"라는 말을 들으니 가슴 한편이 찡해지기도 했다. 옛날에는 풍금소리가 시골에서 처음 듣는 악기 소리였고, 옛날 초등학교 시절 교실에서 듣던 풍금소리가 너무 매력적이어서 강한 인상으로 추억에 남아 특별하게 수집하게 되었다고 한다.

그는 교사로 일할 때 학생들에게 하루의 기록이자 반성인 일기 쓰기를 강조했다. 한 아이마다 일기 내용을 대여섯 장씩 추려 모아 수시로 복사해 철을 해 두었다가 반 전체 학생의 일기를 책으로 만들어서 학년 말에 한 권씩 선물했는데, 그게 어느덧 7년이나 되었다. 하루는 아이들이 직접 책을 만들어 보는 것도 의미가 있을 것 같아 아이들을 몇 명 뽑아서 너희가 재미있게 편집해 보라고 했더니 생각지 못했던 문제가 생겼다. "어째 선생님 글이 없어요? 안 돼요, 선생님 것도 내놓아요." 윗사람이나 교장한테 지적을 받는 건 아무렇지도 않는데 아이들로부터 꾸지람을 들으니 그야말로 충격이었단다. 이제까지 자신 있게 좋은 선생님으로 살고 있다고 여겨왔는데 부끄러워진 그는 부랴부랴 1주일 만에 시를 한 편 썼다. 하지만 아내가 읽어 보고 초등학교 교사로 부끄럽다고 말해 창피한 걸 떠나 이 또한 충격적이었다고 한다. 그래서 천상병, 이해인 등 유명한 시인의 시를 열심히 공부하듯 읽고 또 읽고, 계속 시를 습작했다. 2년이 지난 후 아내가 보더니 괜찮다고 해 주었고, 그는 정식으로 시를 쓰게 되었다. 창강 박종선의 '수평선'이라는 시를 여기에 소개해 본다.

높은 하늘과

깊은 바다가

오늘

사랑으로 만났습니다

아무도 없는

수평선에서

속살을 보여 주는 저녁입니다

하늘은 바다처럼

바다는 하늘처럼

높고

깊은

노을빛으로 살아갑니다

  그는 사회학을 전공하고 역사를 가르치는 선생으로 일하며 지역사회에 경제적으로도 소득 창출에 도움이 되어야 한다는 마음으로 주민들과 함께 많은 노력을 했다. 마당이 넓어 당시 유행을 따라 뿔을 약용으로 쓰려고 사슴도 키워 보고 곰도 사육했다. 하지만 좁은 우리에서 곰을 기르는 게 교사로 할 일이 아닌 거 같아 그만두었다. 마지막으로 유황오리도 길러 보았는데 일손도 달리고 너구리들이 계속 잡아먹어 결국 포기했다. 이후 곰 사육장을 작품전시실로 개조해 그간 만든 서각과 그

정원도시 부여의
마을 동산바치 이야기

그냥 버려졌을 여러 종류의 농기구와 옛 농촌에서 사용하던 크고 작은 생활용품들을 수집해 실내는 수장고로 사용하고 벽에 걸어 전시도 하고 있다.

가을에 탐스러운 빨간 열매가 달리는 꾸지뽕나무

림, 시를 전시하고 있다.

그는 농가 수익 증대를 위해 버섯도 재배했다. 버섯은 분자가 분열되어서 번식하는데 충격을 주면 분자가 빨리 끊어져 생산량이 배가 될 수도 있다는 걸 알게 되었다. 품삯이 들지 않도록 망치로 나무를 딱딱 때려 자극을 주는 방법을 제안했다. 이 사실을 새마을 주임에게 알리고 이 지역 버섯 재배자들을 불러서 알려 주었다. 이 일로 몸 담았던 학교가 새마을사업 시범학교로 선정되어 모범공무원상도 받았다. 현재는 넓은 마당을 꾸지뽕나무 수목원으로 조성했다. 꾸지뽕나무는 빨간색으로 익는 열매가 아름다워 조경수로도 가치가 있고, 줄기·뿌리·열매·잎 어느 하나 버리는 것 없이 약용으로도 이용되는 나무다.

현재는 박물관과 서각 작업실을 마련하려고 작품 전시실 일부를 확장하고 개조하는 작업을 하고 있다. 일하고 싶을 때는 하고 힘들면 쉬어 가면서 벽돌 쌓기부터 물홈통 만드는 일까지 모든 일을 혼자 한다. 그래서 작업속도가 늦지만 서툴러도 나름대로 정감 있는 공간이 되어 가고 있다. "꽃을 보고 있으면 마치 나를 보고 반기며 웃는 것 같아 별 것 아닌 것 같은데 마음이 편해져요." 부부에게 정원은 편안함을 선사하는 작은 기쁨의 공간이다.

정원도시 부여의

마을 동산바치 이야기

1

함께 둘러 보면 좋아요

부여읍 부소산성 태자골 숲길

태자골 숲길 입구에는 "부소산은 22세기를 위하여 보존해야 할 아름다운 숲"이라는 안내문이 붙어 있다. 백제 사비시대 왕궁터로 추정되는 부소산성에는 낙화암, 고란사, 군창터를 비롯해 많은 유적지가 있다. 이 중에서도 백제 사비시대 왕세자들이 산책로로 이용했다는 태자골 숲길은 단연코 압권이다. 백제 사비시대의 왕궁은 백제가 멸망하면서 모두 사라져 아직도 그 위치를 알 수가 없다. 기존 기록과 발굴조사를 토대로 추정할 때 부여읍의 부소산성과 쌍북리, 관북리 일대일 것으로 본다. 그래도 부소산은 부여의 진산鎭山이며 왕궁의 후원이라 왕세자들의 산책로가 있었을 것이라는 추정은 합리적인 것 같다. 아직까지는 그렇게 관광객이 많지 않아 호젓하게 산책할 수 있는 태자골 숲길을 걸어 보면 22세기를 위하여 보존해야 할 아름다운 숲이라는 설명에 절대적으로 공감하게 된다. 낮에도 하늘이 잘 보이지 않을 정도로 나무가 빽빽한 숲길이지만, 험하거나 경사가 심하지도 않고 길지도 않다. 귀한 몸의 왕세자들이 산책하기에도 무리가 없고, 숲의 맛과 멋을 즐기기에 부족함이 없는 공간이다. 일부러 시간을 내서라도 태자골 숲길을 걸으며 잠시라도 백제의 태자가 되어 보는 호사를 누려 보기를 강력 추천한다. 창포 군락지가 깊은 숲을 흐르는 태자천에 보물처럼 숨어 있다.

1 태자골 숲길을 걸어 보면 '22세기를 위하여 보존해야 할 아름다운 숲'이라는 설명에 공감할 수밖에 없다.
2 창포 자생지

부여읍 천부소산성
태자골 숲길

함께 둘러 보면 좋아요 / 부여읍 백마강 대붓뚝 억새밭

　　　　　　　　백마강은 규암면 호암리 천정대天政臺부터 부여를 관통하여 세도면 반조원리까지 16킬로미터 구간의 금강을 특별하게 부르는 이름이다. 부여하면 백마강, 백마강 하면 부여를 누구나 떠올리듯, 부여와 백마강은 떼려야 뗄 수 없다. 그 말 많고 탈 많은 4대강 정비사업을 하면서 덤으로 생긴 백마강 고수부지에 억새밭이 조성되어 있다. 이 지역은 부여 시설재배의 상징인 비닐하우스가 밀집해 있던 곳이니 적어도 이 억새밭 만큼은 부여가 4대강사업의 덕을 봤다고도 할 수 있지 않을까. 부여사람들이 흔히 대붓뚝이라고 부르는 부여대교부터 백제 왕실 사찰로 추정되는 임강사지까지 이어지는 뚝방길을 따라 약 4킬로미터에 걸쳐 끝없이 억새밭이 펼쳐진다. 가까운 금강하구둑의 신성리 갈대밭과 비교해 보았을 때 규모도 크고 접근성도 좋고 조형미도 뛰어나지만 아직은 부여사람조차 잘 모르는 부여의 숨겨진 비밀정원이라 할 수 있다. 억새밭 사이에 조성한 산책로 외에는 덱이나 전망대 같은 인공적인 시설을 최소화해 오로지 자연만 즐기기에 최적의 장소다. 굳이 단점을 찾

자면 사람 키를 훌쩍 넘는 미로 같은 한적한 억새밭에서 길을 잃고 헤매는 상황이 생길 수 있다. 해 질 녘 억새밭에서 볼 수 있는 시시각각 변하는 백마강 건너편의 석양은 비닐하우스 뒤로 보이던 석양과는 비교할 수 없는 감동적인 새로운 부여의 비경이다.

1 억새밭에서 보는 석양은 평생 잊지 못할 부여의 비경이다.
2 끝없이 펼쳐지는 백마강 억새밭. 강 건너편으로 장암면 맞바위가 보인다. ⓒ부여군청

**부여읍 백마강
대붓뚝 억새밭**

석성면 증산2리
연화마을
신품종·특화식물정원

천사의나팔과 함께 시작된
희귀식물들의 보금자리

정원도시 부여의
마을 동산바치 이야기

천사의나팔과 함께 시작된
희귀식물들의 보금자리

　　　　　　　　중학교 입학식 때 밴드부가 너무 멋있어 보여 특별활동으로 밴드부를 택한 소년이 있었다. 그는 몇 주 내내 악기 청소만 시키기에 별생각 없이 원예반으로 옮겼는데, 그게 인연이 되었는지 노년이 되어 정원을 가꾸기 시작했다. 당시 학교에는 그 시절 흔하지 않던 유리온실이 있었는데, 처음 보는 신기한 꽃들이 많아 3년간 원예반 활동을 하며 다양한 식물을 많이 알게 되었다. 그는 염자 *Crassula ovata*가 화분에서 느티나무처럼 수형을 잡아 가는 모습이 인상적이었다고 당시를 회상한다. 지금 정원에도 염자가 있다.

　　그는 제대 후에 본격적으로 농사를 짓기 시작해 영농후계자로 선정되었다. 당시 일본 연수 프로그램이 있었는데 농업계 관련 자격증이 있으면 가산점이 주어졌기 때문에 대전에서 화훼원예재배사 교육과정을 들으며 기능사 자격증을 취득해 일본 연수를 다녀왔다. 그곳에서 시설채소와 화훼 관련 프로그램을 경험하며 원예식물에 관심이 생겼지만 농사일이 바빠 원예식물을 기를 만한 여유는 없었다. 그래도 집 마당 한 구석이나 담장 밑에서 채송화, 봉선화, 분꽃, 코스모스 등은 볼 수 있었다. 그 시절 농촌 어느 집이나 이와 비슷한 풍경이었다.

　　그즈음 외지에서 들어와 마을 인근에서 식당을 하는 동년배와 친하게 지냈다. 어느 날 그가 기르는 식물의 노란색 꽃이 신기하기도 하고 예뻐서 관심을 보였더니 삽목을 해서 화분에 담아 주었다. 그 식물이 바로 천사의나팔독말풀을 개량한 원예종이었다. 이를 계기로 아름다운 꽃을 피

우는 식물, 특히 천사의나팔에 집중하게 되었고 천사의나팔을 삽목한 후 땅에 옮겨 심고 1년이 지나 수백 송이 천사의나팔꽃이 피는 걸 볼 수 있었다. 노란색 말고도 하얀색과 분홍색이 있다는 사실을 알게 되어 세 가지 종류의 천사의나팔을 같이 키웠다. 천사의나팔은 삽목한 후 3년째에 전성기에 이르는데, 그때 1000여 송이 꽃이 피는 장관을 연출했다고 한다. 그 모습을 사진으로라도 보고 싶었지만 당시 필름 카메라로 찍은

정원도시 부여의

마을 동산바치 이야기

사진들을 찾을 수가 없다고 하며 그는 매우 아쉬워했다. 1994년 겨울에는 실내로 들이지 않고 600밀리미터 플라스틱 주름관을 이용해 왕겨를 채워 보온을 하고 노지 월동을 했는데 모두 죽고 말았다. 천사의나팔은 얼지만 않으면 노지 월동이 가능해 땅속에 묻는 방법으로도 겨울을 날 수 있다. 그는 마을 사람들과 함께한 단체여행에서 돌아오는 길에 들른 남원휴게소 식당에서 진분홍색 꽃을 피운 천사의나팔을 보고 처음 보는 색이라 가지 하나를 몰래 잘라 삽목하고 싶었는데 겨우 참았다는 이야기도 들려 주었다.

그는 2016년 현재 위치에 집을 짓고 이사하여 마당도 넓어졌고, 스마트폰에 익숙해지면서 인터넷 검색으로 한국신품종연구회라는 카페에도 가입하면서 본격적으로 정원 가꾸기를 시작했다. 카페에는 천사의나팔은 물론 신기한 화초를 기르는 분들이 많아 천사의나팔과 새로운 만남이 시작되었다. 카페지기가 부산 사는 분이었는데, 전에 남원에서 보고 키워 보고 싶었던 진분홍색 꽃을 피우는 천사의나팔을 가지고 있어 삽목할 가지를 얻었다. 그런데 알고 보니 그분은 육종育種 분야 전문가로, 1991년 미국에서 천사의나팔을 처음 보고 반해 우리나라에 최초로 소개하고 육종을 시작한 분이었다. 그가 육종한 이제까지 어디서도 보지 못했던 '명월Myeongwol', '오리엔탈 뷰티Oriental Beauty', '플라워 오브 지혜Flower of JIHEA'가 국립종자원에 신품종으로 등록되어 있다. 시계꽃 '미시즈김Mrs. Kim'도 육종해 등록한 품종이다. 부인을 위한 '명화' 등 아직 등록되지 않은 신품종 천사의나팔 몇 종류가 그분의 온실에서 자라고 있다. 정원 주인은 다양한 시계꽃과 히비스커스 품종도 그분에게 분양받아 마당에서 잘 키우고 있다. 카페지기와 그렇게 인연을 맺은 후 그는 현재 10여 종의 천사의나팔과 6종의 히비스커스를 기르며 시계꽃도 여러 품종을 키우고 있다. 아깝게도 기후와 환경에 적응하지 못해 식물을 떠나보낸 경우도 있는데, 특히 불꽃 모양으로 퍼지는 히비스커스 '불새'를 보내서 매우 아쉬워 한다. '플라워 오브 지혜'의 '지혜'는 육종자의 딸 이름으로, 신품종 등록을 하고 그해 가을 딸의 결혼 선물로 준비해 식장에서 처음 선보였다. 예식이 끝나고 그 한국신품종연구회 카페지기가 '플라워 오브 지혜'를 결혼식에 와 준 정원 주인에게 선물로 주어 깜짝 놀라기도 하고 매우 기뻤다고 한다. 이래저래 '플라워 오브 지혜'는 정원에서는 물론 삶에서도 그와 뗄 수 없는 인연 깊은 식물이다.

농촌에서 정원을 가꾸면 '밥 먹여 주는 것도 아닌데 채소나 심지'라는 말을 많이 듣는다. "농사는 먹고사는 일이라 자연을 느낄 여유가 없지만 정원을 가꾸면 비로소 자연과 함께 호흡하고 소통한다는 느낌을 받아요. 마음의 여유가 생기고 편안해지면서 정서적으로도 안정이 되지요. 그리고 아름다운 꽃과 함께하다 보면 모진 부분이 없어지는 걸 느낄 수 있습니다." 그는 어쩌다 보니 자코피니아 정명 산호꽃, *Justicia Carnea*, 세로페지아 *Ceropegia woodii*, 도미니카 트럼펫 등 흔한 꽃보다는 희귀종을 많이 키우게 되었다. 카페 활동을 하면서 각별하게 지내는 사람들이 보내 준 식물들이다. 앵무부리꽃이라고 불리는 해란초나 페리카나 플라워 등 고온성 식물도 겨울에는 온실에서 키우며 정성스럽게 관리했지만 결국 떠나보내고야 말았다. 봄에 만난 벽을 뒤덮은 삼색병꽃나무도 매우 인상적이었다. 길가에 면하는 작은 모서리 화단에서 삼색병꽃나무가 마치 덩

천사의나팔 '명월'

(품종보호 제3663호 국립종자원)

천사의나팔 '명화'

천사의나팔 '플라워 오브 지혜'

(품종보호 제7865호 국립종자원)

시계꽃 '미시즈김'
(품종보호 제6303호 국립종자원)
ⓒ한국신품종연구회

천사의나팔 '핑크뷰티'

정원도시 부여의
마을 동산바치 이야기

굴식물처럼 건물 벽을 타고 올라가고 있었는데, 좁은 화단이라 외목대로 키우면 옆으로 퍼지면서 통행에 불편을 줄 것 같아 그렇게 키우고 있다.

마을 이름이 연화마을이라 예전에는 연蓮이 있었다고 한다. 그래서 그는 천판연, 가시연꽃, 백화소연, 백화중연, 백련 등의 연도 정원에서 기른다. 열매가 붉은색이고 씨앗으로 가득 차 있어 생김새가 꼭 바나나를 닮은 벨벳바나나*Musa Velutina*는 씨앗으로 파종해 기르는데, 겨울에는 줄기를 다 자르고 보온을 하면 노지 월동을 하고 다음 해 다시 잎과 꽃을 보여 준다. 온실 내부에도 많은 화분들이 있는데 때때로 겨울을 나면서 뿌리가 화분 밑 땅속까지 뻗어 가는 경우도 생긴다. 초봄에 방문했을 때에는 온실에 이불이 덮혀 있어 이유를 물었더니 겨울에는 센서가 달린 전기히터로 일정한 온도를 유지하도록 온실 온도를 높이지만 강추위가 찾아올 때는 전기요금을 감당하기 힘들어 식물 보호를 위해 그렇게 한다고 설명해 주었다. 온실 안에 들어서면 겨울에도 꽃이 보이고 아열대성 식물들이 많아 이국적인 느낌이 든다. 원래 온실은 시설재배를 위한 모종을 기르던 곳인데 지금은 화초용 온실로 이용하고 있다. 노지 월동이 안 되는 가치 있고 희귀한 식물을 많이 기르고 싶은 그는 온실을 전체적으로 재정비하고 싶어 한다. 하지만 비닐 온실을 2층 유리온실로 만들면 집이 가려져 고민하고 있다.

이장을 하면서 동네 경로당 앞 빈 땅에 화단을 만들어 식물도 심고, 연지는 만들 수 없어 넓은 수반에 연도 심어 놓았는데, 농사에 집중하다 보니 바빠서 자주 들러 물을 주지 못해 관리가 안 되어 없어지고 말았다. 연화배수장 부근에도 연화마을의 상징으로 연밭을 만들어 백련을 심었는데 공사 등 여러 이유로 거의 사라지고 조금 남아 있는 상태다. 그는 앞으로 마을 들어오는 길을 천사의나팔 꽃길로 만들려는 계획을 가지고 있다. 천사의나팔은 삽목하면 잘 자라기 때문에 많은 양을 만드는 일은 문제가 없는데, 혼자 힘으로는 심고 월동 관리하는 일이 쉽지 않아 아직 시작하지 못하고 있다. 그는 꽃이 탐스럽게 크고 향기도 좋아 천사의나팔이 꽃을 피울 때 마을 전체가 꽃과 향기로 뒤덮이는 풍광을 늘 상상한다고 말한다. 우리나라에 하나밖에 없는 천사의나팔꽃길이 이곳에서 꼭 실현되기를 기대해 본다. 그의 카카오톡 프로필에는 '사람은 어디에선가 반드시 또 만난다'는 인생하처불상봉人生何處不相逢이라는 말이 적혀 있다. 중학교 시절 원예반에서 만났던 식물이 나중에 천사의나팔로 다시 그를 찾아온 걸 보면 자연이나 사람이나 인연이 있는 건 마찬가지인 모양이다. 부인은 정원에 별로 관심이 없는 듯 보이지만 요즘은 오히려 예쁜 화초가 보이면 먼저 가서 구입을 한단다. 정원을 관리하고 식물을 기르는 일도 인연이고 전염성이 매우 강한 일임에 틀림없다.

정원도시 부여의
마을 동산바치 이야기

세도면 동사1리
동곡마을
수리재정원

자연스러운 정원 동물들도 행복한

정원도시 부여의
마을 동산바치 이야기

동물들도 행복한 '자연스러운' 정원

"문 안쪽 나무 빗장 풀고 들어가서 구경할 수 있어요. 카페도 열려 있으니까 안에 들어가 보셔도 됩니다." 부여의 비밀정원을 찾아다니던 2020년 가을날, 지인이 소개해 준 오래된 정미소를 찾아가다 코스모스가 피어 있는 황토집이 우연히 눈에 들어왔다. 살펴보니 딱 내가 찾는 정원이 아닌가. 펜션과 카페를 겸하고 있는 곳이었는데, 하필이면 휴일이었다. 문 밖에서 구경을 하며 사진을 찍고 있는데 강아지 한 마리가 사립문 틈으로 나와 꼬리를 흔들며 반겨 주었다. 다른 개 한 마리는 카페 문 앞에서 늦가을 햇빛을 즐기듯 아무 움직임 없이 조각처럼 앉아 있고, 한껏 모양을 낸 듯 멋지게 볏을 세운 수탉이 다른 여러 마리 닭들과 마당을 돌아다니고 있었다.

안이 너무 궁금해 휴일이지만 혹시 집안에 사람이 있으면 양해를 구해 구경할 요량으로 사립문 밖에 적혀 있는 번호로 전화를 했더니 멀리 외출 중이라는 답이 돌아왔다. 포기하기 어려워 코스모스가 피어 있는 자그마한 연못과 장독대, 박 넝쿨을 가까이 보고 싶어 전혀 알지 못하는 분이지만 정원을 보고 싶다는 간절한 마음으로 정원을 볼 수 있는 방법을 물었다. 내가 멀리서 왔다는 걸 알고 정원 주인은 잠시 생각하더니 구경하고 싶으면 들어가서 구경해도 된다고 했다. 잘못 들은 줄 알았다. 간절한 마음이 전달되어 통했다고 생각했다. 정원 주인은 나중에 목소리를 들어 보니 정말 정원을 좋아하고 보고 싶어 하는 마음이 느껴져 지금까지 한 번도 그렇게 하지 않았는데 휴일 빈집 구경을 허락했다고

닭과 병아리, 고양이, 강아지, 산양이 마당에서 힘께 어울러시 돌아다니는 모습은 흔하게 마주칠 수 없는 이 집 정원만의 독특한 풍경이다.

정원도시 부여의

마을 동산바치 이야기

수리재정원은 그냥 자연에 슬며시 끼어들어 터에 적응하고 환경에 순응하는 우리의 전통적인 정원 개념과 매우 통한다. 사방 어디를 둘러봐도 황토집 말고는 어떤 구조물이나 다른 색은 찾아볼 수 없고 다양한 녹색의 자연 풍광만 보인다.

말해 주었다.

　　서울에서는 물론 이제까지 어디서도 경험하지 못한 후한 시골 인심 덕분에 귀한 구경을 할 수 있었다. 전혀 모르는 사람임에도 불구하고 주인도 없는 빈집에 들어갈 수 있도록 호의를 베풀어 준 이 분의 정원은 부여 비밀정원 답사 중 잊지 못할 장소다. 나중에는 장작으로 아궁이에 불을 때는 황토방으로 초대까지 해 주어 그야말로 뜨끈뜨끈한 아랫목에서 온 몸을 지지면서 어릴 때 연탄아궁이 구들장을 추억하며 편안한 밤을 보내기도 했다.

　　수리재는 물이 있는 마을水里의 고개를 뜻한다. 보통 건물에 사용하는 집 '재齋'가 아닌 고개를 뜻하는 우리말 '재'를 쓰는 게 특이하다. 전 주인이 지은 이름인데 한글과 한자를 같이 사용하고 뜻과 어감이 좋아 그대로 사용하고 있다. 대흥산 자락에 자리 잡고 있는 수리재 인근에는 가림성과 사랑나무로 유명한 성흥산이 있고, 부여 방향에서 오면 덕德고개를 넘어야 수리재가 나타난다. 사방 어디를 둘러봐도 황토집 말고는 어떤 구조물이나 다른 색을 찾아볼 수 없다. 단지 농도나 빛의 차이 때문에 조금씩 다르게 보이는 다양한 녹색 논과 숲만 보인다. 모네가 지베르니의 정원을 세상에서 제일 큰 팔레트라고 묘사했듯이 계절마다 피는 색색의 꽃들이 녹색 바탕의 캔버스에 점 또는 선과 면으로 그림을 그린 듯 펼쳐져 있다. 정자가 있는 자그마한 연못에는 수련도 피어난다.

　　이 황토집은 건축 전문가는 아니지만 소위 '금손'이라 불리는 정원 주인의 지인이 설계부터 시공까지 손수 완성한 집이다. 건물 입지도 훌륭하고 출입구를 비롯해 입면, 평면구성과 디테일, 그리고 단열문제를 해

결하기 위한 창의 구성이나 매우 두꺼운 황토벽체까지 곳곳에서 전문가 이상의 솜씨가 묻어난다. 건물 구조로 사용한 목재는 물론 장식을 위해 기둥이나 서까래용으로 사용한 목재를 보면 뛰어난 조형감각에 눈썰미까지 갖춘 '금손'의 솜씨라는 걸 알 수 있다. 우리가 지금까지 보아 온 황토집 중 몇 손가락 안에 꼽을만한 작품이다. 집을 지은 원래 주인은 알고 지내던 지인으로, 2014년 귀촌을 결심하며 수리재로 이사했다고 한다. 황토방과 좌식형 카페 바닥도 장판지나 목재가 아닌 감물 염색을 한 삼베를 사용했다. 삼베의 특성 때문인지 사계절 쾌적하고 특별한 느낌을 준다. 수리재를 방문한 어느 날, 그는 특별한 걸 보여 준다며 우리를 뒷마당으로 안내했다. 마침 삼베 염색을 하고 빨랫줄에 널어서 말리고 있었는데, 그 풍경이 영화의 한 장면을 보는 듯했다.

수리재정원의 특별한 점은 사람뿐만 아니라 동물들도 함께 공간을 사용한다는 데 있다. 자연에서 동물을 기르고 싶었다는 주인은 이 정원에서 두 마리의 개와 여섯 마리의 고양이, 이십여 마리 닭과 두 마리 산양까지 키운다. 그야말로 동물농장이다. 산양만 제외하면 모두 자유롭게 풀어 놓아 기르고 있다. 산양도 자연에 풀어 놓고 기르면 좋을 텐데, 유실수의 과일은 물론 잎사귀와 꽃도 좋아해 5분 정도의 짧은 시간에도 특정 식물을 완전히 상하게 만들어 풀어 놓고 키우지 못하고 있다. 할 수 없이 줄로 매어 두거나 우리 안에 살게 하고 있어서 늘 마음에 걸리는 아픈 손가락이라고 말한다. "모든 생명은 존귀하고 인권 못지않게 동물의 권리도 보호되어야 한다고 생각합니다. 인간의 궁극적인 목표도 자유 속에서 누리는 행복 아닙니까. 동물도 자연 속에서 자유와 행복을

황토로 바닥과 담을 쌓아 장독대와 화단을 만들었다. 산기슭과 자연스럽게 연결되는 마당 여기저기에서 보이는 식물들이 개성 있는 정원을 연출하고 있다.

염색한 삼베를 마당에서 말리는 풍경은 마치 영화의 한 장면 같다.

정원도시 부여의
마을 동산바치 이야기

누릴 권리가 당연히 있습니다." 정원 주인은 조용히 생각하는 시간을 갖는 걸 좋아하는데, 집중하고 깊이 생각하면서 나름 이곳에서 모든 생명의 궁극의 목표가 '자유'라는 사실을 깨닫게 되었다고 한다.

닭들이 병아리들과 함께 종일 주변 산기슭과 마당을 돌아다니며 꽃잎도 따 먹고, 땅속에서 벌레도 잡아먹고, 풀이 우거진 곳에서 술래잡기 하듯 고양이와 놀기도 한다. 나무 그늘 밑에서 동물들이 뜨거운 햇빛을 피하며 휴식을 즐기는 장면은 도시에서는 볼 수 없는 진귀한 풍경이다. 이 정원에서는 암탉이 알을 낳아 21일간 품고 있다 병아리로 부화하는 장면을 1년에 여러 번 볼 수 있다. 미미로 불리는 암탉이 있는데, 한겨울에 부화한 작은 병아리가 추운 게 안쓰러워 방안에 종이상자 집을 마련해 겨울을 나는 동안 먹이를 주고 쓰다듬으며 같이 자며 키우기도 했단다. 파리채로 파리를 잡아서 주기도 했는데, 병아리가 처음에는 콕콕 찍어 먹더니 며칠 후부터는 '탁' 하고 파리 잡는 소리만 들려도 벌써 병아리가 상자 위로 성큼 뛰어 올라 파리를 기다리고 있었다는 재미난 에피소드도 들려주었다. 가끔 그 장면이 떠오르면 아직도 혼자 웃음이 난다고 한다. 이번에도 미미가 알을 잘 품어 주어 가을 병아리를 추석 전 날 만났다.

병아리는 처음 본 사람을 어미로 인식한다고 하는데, 미미는 주인을 알아보기 때문에 알을 품고 있을 때에도 다가가 알이나 갓 부화된 병아리를 만져도 가만히 있는다고 한다. 가끔 개들이 삼베 거실 바닥이나 카페 흙바닥에 실수를 하기도 하는데, 그런 때에도 "그래, 이 아이들이 같이 있어 주어 늘 행복한데, 이 정도는 내가 감당해야지" 하면서 빨래를 한다고 하니, 이 분은 동물과 함께하는 삶을 정말 좋아하는 듯하다. 초코, 둘리, 세모, 에나, 미소, 미미 등 이 정원에 사는 모든 동물들은 닭까지도 이름이 있고, 오래 같이 지내서인지 정말 한 식구 같고 감정이 서로 통하는 느낌이다. 연못에 우렁이와 두꺼비가 살고 있는데, 밤에 산으로 이동하는 두꺼비를 보고 '두껍아!' 하고 부르면 주인이 부르는 걸 아는 지, 아니면 두려워서 그러는지 엉금엉금 기다가도 잠시 걸음을 멈추기도 한다고.

  정원 주인은 어려서부터 유난히 동물들을 좋아해 이곳으로 이사 오기 전에도 개와 고양이를 키웠다. 서산에 살 때도 지금도 같이 사는 둘리랑 함께 있었고, 고양이하고도 조금 같이 살아봤다고 한다. 하지만 동물 관련 전문 지식이 많은 건 아니다. 직접 경험하면서 과학적인 사고로 분석하고 파악해 가며 지식을 넓히는 격물치지格物致知 공부법으로 이제는 큰 실수 없이 동물들도 잘 돌보고 있다. 물리를 전공한 과학도다운 동물 기르기를 실천하고 있는 듯하다. 귀촌하면 제일 먼저 된장 고추장을 담가 먹고 싶었다는 그는 장도 담그기 때문에 장독대에서는 손수 만든 장이 익어 가고 있다. 요즘은 부부가 좋아하는 막걸리까지 만든다.

  정원은 인간이 자연에 개입해 사람이 원하는 대로 이용하려고 인위적으로 조성한 '만들어진 자연man made nature'이다. 서양의 일반적인 정원 개념도 그렇다. 하지만 진정한 정원의 주인은 원래 그 자리에 오래 전부터 터 잡고 있는 땅과 식물이다. 수리재정원은 그냥 자연에 슬며시 끼어들어 터에 적응하고 환경에 순응하는 우리의 전통적인 정원 개념과 매우 통한다. 아니나 다를까, 이곳의 안주인은 오랜 기간 명상과 함께 다도를 즐기고 생활 속에서 환경보호를 실천하며 지구를 생각하는 삶을 살고 있다. 제일 친한 친구가 환경운동가라 영향을 받았기 때문에 좀 더 적극적으로 실천하게 된 계기가 되었다고 한다. 유실수도 심고 계절 따라 장식용으로 초화류를 심기도 하지만 특별하게 화단을 가꾼다기보다 야생의 자연, 자연 그대로의 정원을 즐기고 있다. 황토로 바닥과 담을 쌓아 만든 장독대 뒤 화단과 마당 여기저기에서 보이는 풀과 나무, 한여름 황토벽을 녹색으로 장식해 주는 덩굴식물 박주가리, 계절을 느끼게 해주는 코스모스, 꽃잔디, 꽃창포 등이 주변 자연환경에 자연스럽게 스며들면서도 개성 있는 정원의 모습을 연출하고 있다. 수리재에 묵는 이들은 이런 자연스러운 정원을 바라보며 하루 전부터 준비해 주인이 새벽에 손수 구운 빵, 마당에서 나오는 채소로 만드는 샐러드와 차로 특별한 아침식사를 즐길 수 있다. 예쁜 꽃과 함께 안주인의 마음에서 우러나오는 손님을 위한 최고의 환대를 경험하게 된다. 식사 때마다 장식하는 식용 꽃도 철따라 산자락이나 정원에서 나오는 걸 사용한다.

  부부는 특별하게 꾸민 정원이라기 보다 산기슭과 자연스럽게 연결되는 마당이지만 언제나 볼 때마다 그냥 너무 좋다고 말한다. 아침에 일어나 현관문을 열면 바로 보이는 풍경을 보면서 귀촌하기 잘했다는 생각에 흐뭇하단다. 시골에 사는 기쁨이란 눈앞에 매일 펼쳐지는 변화무쌍한 사계절의 자연과 함께하며 이런 소소한 행복을 느끼는 것이 아닐까. 아침 해가 뜨는 시간, 저녁노을이 지는 시간은 매일 매일이 다르고 얼마나 아름답고 신비로운가!

황토벽을 녹색으로 만들어 장식해 주는
덩굴식물 박주가리와 짙은 향이 매혹적
인 박주가리꽃

정원도시 부여의
　　마을 동산바치 이야기

양화면 송정1리
그림책마을
할머니의 꽃밭

꽃과 애기혀 잠이 안 오면 마당에 나와

정원도시 부여의

마을 동산바치 이야기

잠이 안 오면 마당에 나와
꽃과 얘기혀

덕용저수지송정저수지를 지나자 키가 큰 느티나무 아래 쉼터에서 깔끔하고 격이 있어 보이는 어르신 몇 분이 담소하는 풍경이 한가롭고 아름다워 보여 차를 세웠다. 알고 보니 그곳이 '송정그림책마을'이었다. '소나무 정자'라는 마을 이름 '송정松亭'처럼 이곳은 옛날에 푸른 소나무가 냇둑 따라 나 있어서 푸른 용의 꼬리 같은 모양이 무척 좋았다고 한다.

깊은 두메산골이었던 송정리에 사람이 찾아든 것은 조선시대다. 1623년 인조반정 때 집안이 역적으로 몰려 목숨이 위태로워진 박정예 할아버지는 노모를 모시고 한산에서 부여 쪽으로 가고 있었다. 3월인데도 추워서 눈이 내렸는데 유독 눈이 녹은 곳이 보였다. 그리고 그는 햇살이 환하고 따뜻한 게 살아 볼 만한 땅이라는 생각에 그곳에 둥지를 틀었다. 송정리에는 큰 나무들이 여러 그루 있다. 쉼터의 느티나무는 300살이 되었고 여전히 도토리가 열리는 마을 역사보다도 오래된 500살 참나무도 있다. 가을에 나무 아래 있으면 도토리 떨어지는 소리에 깜짝 놀라 "얼랄라" "오매" "어허" 소리가 절로 난다고 한다. 이 마을에 고목이 많은 이유는 오랜 시간 밀양 박씨 집성촌이었기 때문이다. 한때 80가구가 넘는 큰 마을이었으나 지금은 30여 가구만 남아 있다. 마을에서 나고 자라 평생을 살아온 노인들만 마을을 지키고 있어 너무 조용하여 이제라도 더불어 사는 마을을 이루어 보려고 그 옛날 야학당을 함께 열던 마음으로 마을 분들이 마음을 모아 그림책마을을 만들었다.

이렇게 탄생한 송정그림책마을에서는 마을 어르신들이 동네에서 직접 지은 농산물로 만든 차와 음식을 대접하는 마을찻집을 같이 운영한다. 그리고 송정마을과 마을 사람들의 이야기가 담긴 《하냥 살응게 이냥 좋아》'함께 사니까 이렇게 좋아'라는 의미의 충청도 사투리라는 책과 어르신들이 각자 살아온 인생의 이야기를 담은 내 인생의 그림책 23권도 선보인다. 송정마을은 그림책 만들기 프로그램의 산증인 같은 곳이다. 서울의 그림책미술관시민모임이 마을 주민들에게 그림 그리기와 글쓰기를 가르쳐 주었는데, 책이 나오기까지 3년이 걸렸다. 주민들은 처음에는 자기 삶에서 책이 될 만한 소재가 과연 있을까 주저했다. 하지만 서로 이야기를 나누며 분위기가 반전되었다. 모두 적극적으로 지난 삶을 되돌아보면서 2년 동안 글쓰기를 배워서 좋은 글을 뽑았고, 6개월 동안 그림을 배워 새로운 '마을지' 형태로 그림책을 만들어 세상에 선보였다. 또한 찻집에는 '마을 이야기 산책' 프로그램이 있어 마을 이야기를 들려주는 어르신과 함께 마을을 산책할 수 있다. 주먹밥 도시락과 함께 돗자리와 윷판도 빌려 주는데, 좋은 곳에 돗자리를 펴고 윷놀이를 하며 도시락을 먹으라는 의미다. 송정그림책마을은 따스한 햇살 같은 경험을 할 수 있어 좋은 호응을 얻었고, 서울을 비롯해 전국에서 마을을 찾는 손님들이 많아지면서, 방송에도 여러 차례 소개되었다.

야학당을 꼭 구경하라며 쉼터에서 만난 마을 어르신이 동네를 구경시켜 주며 야학당 앞으로 이끌었다. 어디에서든 오기 좋으라고 마을 한복판에 지었다는 작은 야학당 앞에서 감동 어린 목소리로 "우리 어려서부터 공부하던 곳이여" 하신다. 이 말을 꼭 전하고 싶었던 것 같았다.

송정마을 야학당은 1925년 머슴 사랑방에서 시작되었다. 해방되기 5~6년 전에 어디서나 쉽게 올 수 있도록 마을 중앙에 지어진 80여 년 된 야학당은 2020년 10월 안전상의 이유로 철거되고 옛 모습을 살린 새로운 건물이 들어섰다.
(2020년 9월 24일 마지막 기록 사진)

단 한 마디였지만 진한 울림으로 다가왔다. 야학당은 일제강점기인 1925년에 마을의 뜻있는 분들이 중심이 되어 자발적으로 시작되었고, 학교와 별도로 마을 주민들을 교육시켰다. 이 근방에서는 유일하게 남아 있는 야학당 건물이라고 한다. 추수가 끝나고 11월에서 1월까지 석 달 동안 저녁마다 열었다. 당시에는 문맹자가 많고 야학당 학생의 3분의 2가 여자였다. 야학 덕분에 송정리에서 시집간 딸들은 부모에게 편지도 썼다. 배움의 열기가 후끈해서 한겨울에 불을 때지 않아도 전혀 춥지 않았단다. 안이 궁금하여 삐걱거리며 잘 열리지도 않는 미닫이문을 살살 열어보니 비록 지금은 창고에 가깝지만 그 옛날 야학당의 열기가 그대로 느껴지는 듯했다. 아쉽게도 우리가 방문한 이후 한 달도 지나지 않아 안전 문제로 모두 헐고 천장 부분만 일부 원형을 살려 새로 지었다. 그날의 사

정원도시 부여의

마을 동산바치 이야기

진이 야학당의 마지막 기록이었다. 야학당은 동네 사람들이 마음을 모아 만들었기에 지금도 송정마을의 자랑이요 정신이다.

마을을 구경하다 우연히 송정마을 젊은 사무장을 만나 우리가 찾는 정원을 설명하니 단번에 "정원 예쁜 할머니집이 있어요" 하며 안내를 해 주었다. 산허리에 자리 잡은 이 댁의 경사진 진입로에 들어서니 양편에 환하게 핀 꽃들이 소리 없는 아우성으로, 평소 할머니의 마음으로, 손님을 반겼다. '할머니의 꽃밭' 문패를 보면서 마당에 들어서니 잘 정리된 장독대와 꽃밭이 보이면서 외갓집 같은 익숙하고 편안한 풍경이 펼쳐졌다. 마당은 물론 화분에도 정말 많은 식물들이 자라고 있어 기대감으로 짜릿한 느낌이 몰려왔다. 지난 며칠 동안 원하는 부여의 비밀정원을 찾기는커녕 구경도 할 수 없어 조바심이 났었는데, 그런 걱정이 일순간에 사라졌다. 두레박으로 물을 퍼내던 우물은 수돗가로 변하고, 고약한 냄새가 나던 닭장은 보이지 않지만 어린 시절 진한 추억으로 남아 있는 그 외할머니집 정원이 지금 내 눈 앞에 펼쳐지고 있었다. 집 뒤편으로 대나무숲이 나지막한 뒷뫼와 연결된 정원이라 풍경이 초록으로 꽉 차 있다. 어릴 때 부모님이 꾸몄던 화단을 보며 자란 할머니는 부모님처럼 대를 이어서 꽃밭을 가꾸고 있었다.

박춘자 할머니는 일곱 남매 중 셋째로 태어나 일곱 남매를 낳아 키웠다. 자식들을 가르쳐야 해서 손이 많이 가는 과수원을 하며 복숭아·배·사과·앵두를 길렀다. 제일 좋은 과일은 가게로 보내고, 상품 가치가 없는 건 서로 나누어 먹고, 이도 저도 아닌 건 모아서 손수레에 싣고 다니며 직접 팔았다. 여기저기 다니다가 예쁜 꽃을 피운 식물이 있으면 "나

마당은 물론 화분에도 정말 많은 식물들이 자라고 있어 한껏 우리를 기대하게 만들었던 할머니의 꽃밭

정원도시 부여의
마을 동산바치 이야기

도 하나 줘유" 해서 씨를 받아 심었다. 할머니 집 마당에는 철 따라 다양한 꽃이 피고 지고, 식물마다 사연도 참 많다. 할머니는 석류를 좋아하는데, 이 석류에는 깊은 사연이 있다. 이웃 사람이 옆 동네 전라도에 일하러 갔다가 석류를 먹었는데, 맛이 달고 좋아서 하나 얻어 왔다. 집에 와서 석류를 입에 넣고 우물우물하고는 씨를 땅에 묻었더니 나무로 자랐다. 나중에 할머니한테도 한 그루를 주어 심었더니 석류가 열려 맛있게 먹었다고 한다.

할머니가 키우는 사랑초에는 이름처럼 할머니의 사랑에 관한 사연이 있다.

"이것이 사랑초라는 거여. 사랑을 할 때는 누구나 바보가 되잖여.
어느 날 포도를 팔고 왔는디, 집에 화분이 하나도 없는 거여.
남편이 화분을 데굴데굴 굴려서 밑으로 차 버렸어.
아고, 불쌍혀 불쌍혀 하면서 다 올려다가 심는디,
남편이 멀뚱허니 앉아서 일러 주대. "저기도 하나 있네.
저기도 있네." 내가 너무 꽃만 보니께 질투가 나서 그랬는지
왜 그랬는지 몰라."

박춘자, 《할머니의 꽃밭》 그림책미술관시민모임 **중에서**

할머니는 꽃을 워낙 좋아해 평생을 꽃과 함께한 이야기를 내 인생의 그림책 《할머니의 꽃밭》에 담았다. "꽃을 기르다 보면 이것이 어디가

박춘자 할머니가 쓰고 그린 '사랑초'
ⓒ 박춘자·그림책미술관시민모임

정원도시 부여의
마을 동산바치 이야기

두레박으로 물을 기르던 우물은 수돗가로 변했고 고약한 냄새가 나던 닭장은 보이지 않지만 어린 시절 진한 추억으로 남아 있는 고향 외할머니집 정원의 모습을 만날 수 있다.

아픈지, 안 좋은지 보여. 그냥 알게 되는 거여. 저녁에 잠이 안 오면 마당에 나와서 꽃이랑 얘기혀. 잘 있냐?" 사연마다 이야기마다 장면이 생생하게 그려지며 슬그머니 웃음이 나오는 건 우리뿐일까. 할머니가 방으로 들어오라고 하며 포도를 대접해 주셨다. 방안 문 위에는 할머니가 여섯 살 때 야학당 앞에서 동네 분들과 함께 찍은 오래된 사진이 마치 방금 인화한 것처럼 보관이 잘된 상태로 보물처럼 걸려 있었다. 할머니도 야학당 학생이었고 아버지가 교장선생님이었다고 한다. 지금은 할머니의 둘째 딸이 엄마가 건강할 때 함께 즐기려고 5년 전에 이사 와서 같이 지내고 있다. 자녀들이 여기저기서 모시려고 해도 할머니는 송정리를 떠날 생각이 없다. "봄에는 개구리 소리, 여름에는 매미 소리, 가을에는 두견이와 풀벌레 소리, 겨울에는 함박눈이 우리 집으로 몰려와. 여기를 떠날 수가 없어." 할머니의 표현이 그냥 시 한 편이다. 물 좋은 청정지역에 모두 남향집이라 해가 잘 들어 주민 모두가 건강하고 치매 걱정 없는 마을. 바로 할머니의 꽃밭이 있는 송정마을이다.

정원도시 부여의
마을 동산바치 이야기

> 함께 둘러 보면
> 좋아요

충화면 가화리 덕용저수지 습지

가화저수지 또는 송정저수지라고도 한다. 주변 동네 사람들이 가화리, 벽용리, 오덕리, 송정리 등 각자 자기 마을 이름을 따라 다른 이름으로 부른다. 주변 부여군청소년수련원, 서동요테마파크와 함께 출렁다리와 1.65킬로미터 길이의 수변 둘레길이 조성되어 있다. 물 위를 걷는 느낌의 저수지 안 나무 덱을 따라 산책하다 보면 수중에서 자라는 주변 나무들이 물에 비쳐 매우 몽환적인 느낌을 준다. 한적한 수변 산책로를 거닐면 계절 따라 변하는 자연의 아름다운 풍경을 만끽할 수 있다. 특히 안개 낀 이른 아침 풍경은 수식어가 필요 없는 비경이다. 한 치 앞이 보이지 않는 풍경에서 안개가 걷히면 햇살 사이로 조금씩 저수지의 모습이 드러난다. 잔잔한 물 위에 석천산과 오산의 모습이 투영되면서 물속에서 자라는 왕버들과 함께 그 속으로 빨려 들어가는 느낌이 든다. 현재의 모습도 충분히 아름답지만 장기적으로 계획적인 수변 식재로 계절감을 분명하게 만들어 준다면 부여가 자랑할 만한 매우 훌륭한 습지원으로 거듭날 것이라 생각한다.

1 이른 아침 안개가 걷히면서 햇살 사이로 조금씩 드러나는 저수지 풍경은 수식어가 필요 없는 비경이다.
2 잔잔한 물 위로 투영된 석천산과 오산의 모습을 보고 있으면 그 속으로 빨려들어 갈 것만 같다.
3 덱을 따라 산책하다 보면 물 위를 걷는 느낌을 받는다. 물속에서 자라며 수면 위에 자신의 몸을 비추는 왕버들이 몽환적이다.

충화면 가화리
덕용저수지 습지

외산면 만수2리
무량마을
작은 수목원

세상에 단 하나뿐인 변이종들을 품은 곳

정원도시 부여의
마을 동산바치 이야기

세상에 단 하나뿐인 변이종들을 품은 곳

무량사 올라가는 길 왼편으로는 개울이 흐르고 오른편으로는 만수산을 배경으로 민가가 몇 채 자리하고 있다. 담장에 그려진 벽화 말고는 겉보기에 별 다른 특징이 없어 보이는 황토집이지만 담장 너머로 얼핏 보이는 수형이 좋은 금송과 단풍나무가 예사롭지 않은 집이라 알려 주고 있다. 담장 주변으로 심은 식물들도 벽화의 그림과 실제 식물이 구별이 안 될 정도로 조화를 이루고 있어, 정원 주인의 타고난 눈썰미와 오랜 식물 기르기 경험에서만 나올 수 있는 뛰어난 조형감각을 느낄 수 있다. 몇 년 전 늦가을 무량사의 단풍을 구경하려 다녀오는 길에 담 너머로 처마 밑에서 감을 말리는 풍경이 너무 예뻐 들여다보다가 아름답게 조성된 마당에 놀라고 말았다. 이곳은 정원이라기보다 작은 수목원이라고 불러야 할 정도로 초화류보다 귀한 나무가 많다.

정원 주인은 보령에서 거주하다 은퇴 후 지낼 곳을 찾다 이곳에 정착했다. 외산면은 우리나라 최고의 주거지 열 손가락 안에 꼽히는 지역으로 알려져 있다. 그는 30~40대 젊은 시절부터 난을 기르기 시작해 보령난초연합회를 처음 만들었다. 난과 수석을 찾아 전국을 돌아다녔고, 국궁이 취미라 전국을 순회하면서 우리나라의 좋은 곳은 다 다녀 보았다. 돌아다니다 이곳을 눈여겨보면서 마음에 두었었는데, 옻샘의 존재를 확인하고는 바로 결정했다고 한다. 처음 보았을 때 이곳은 15년간 사람이 살지 않는 상태로 방치된 거의 폐가 수준이었다. 하지만 부인이 특히 마음에 들어 해 결국 구입하게 되었다.

마르지 않고 계속 바위틈에서 올라오는 지하수 옻샘은 늘 11~13도를 유지해 여름에는 차갑고 겨울에는 얼지 않는다. 여름 땀띠나 옻이 올랐을 때 이 물로 씻으면 효과가 좋다고 알려져 있다. 만수산에서 내려오는 지표수인 '뜬물'의 물길을 집 뒤쪽으로 돌려 수맥을 차단하는 동시에 옻샘으로 연결해 정원의 멋스러움을 더하고 있다. 연못에서 토종 붕어를 기르고 있는데 물이 너무 맑아 처음 몇 년은 적응하는 게 힘들었지만 지금은 잘 자라고 있다. 겨울에 철새들이 물이 얼지 않아 먹이를 구할 수 있는 걸 어떻게 알고 찾아와 그물을 덮어 보호하고 있다. 계절에

정원도시 부여의
마을 동산바치 이야기

정원도시 부여의
마을 동산바치 이야기

관계없이 길고양이들도 가끔 먹이를 찾아 나타나 연못 주변으로도 보호막을 쳐 놓았다.

정원 주인은 난초를 캐러 다니면서 자연스럽게 예쁜 꽃이 피는 식물이나 나무에도 관심을 갖게 되었고, 그걸 보령 집에 심으면서 정원에도 관심이 생겼다고 한다. 40~50년 전 서천·보령 지역은 난초 자생지여서 부근에서 춘란을 많이 볼 수 있었다. 당시 수입 난蘭은 쌀 한 가마니 값을 치러야 할 정도로 귀했다. 무량사 뒷산 만수산에서도 난을 볼 수 있었는데, 이제는 해발 300~400미터 이상 올라가야 찾을 수 있을 만큼 귀해졌다. 보령에 집을 지을 때 법적으로 조경을 해야 하는 의무가 있어 기왕 하는 거 형식적으로 하지 말고 제대로 하자는 생각으로 나무와 풀을 심으면서 본격적으로 정원을 가꾸기 시작했다.

"정원 관련 지식은 없어요. 크는 놈 모양 잡아 가면서 다듬고, 손길을 보태며 기다리는 재미가 있지요. 내일은 어떨까, 모양이 그대로 있을라나, 이러면서 기대를 하게 됩니다." 봄부터 시작해 겨울까지 항상 다른 모습을 기대할 수 있는 '만들어 가는 재미'가 정원 가꾸기의 묘미라고 말한다. 한 겨울 금송에 솜을 얹어 놓은 듯 눈이 쌓이면서 가지 속으로 언뜻언뜻 보이는 푸른색은 무엇과도 비교할 수 없는 아름다움이다. 이 정원에는 외래종이나 토종 관계없이 외양이 특이하고 그냥 두어도 살 수 있는 생명력이 강한 식물 위주로 삽목해서 키운 게 많다. 오랫동안 만지고 다듬으면서 분재로 키운 화살나무, 아그배나무, 주목, 대왕소나무 등과 함께 무늬가 특별한 변이종같은 종류의 개체 사이에서 형질形質이 달라진 종류를 많이 기르고 있다.

정원도시 부여의
마을 동산바치 이야기

이 집 정원의 자랑할 만한 특징은 세상에 단 하나뿐인 변이종들이다. 그는 값어치를 떠나 직접 발견해서 키우는 변이종은 내가 낳은 자식처럼 못났어도 귀하고 애착이 간다고 말한다. 아열대 식물인 가시나무 종류도 많고 하부 식생으로 사계절 꽃을 볼 수 있는 다양한 야생화를 조화롭게 배치한 점도 인상적이다. 금송과 주목 등은 보령 집에서 기르던 걸 옮겨 왔고, 최근에는 묘목 수준의 작은 야생 미스김라일락과 서향천리향을 기르고 있다. 사람이 특정 분야에 몰입해 어느 정도 경지에 이르면 조금 '미치기' 시작하는데 그는 지금 식물을 사러 시장에 가는 재미에 푹 빠져 있다. 겸사겸사 주변 오일장을 찾아다니며 이것저것 보면서 특이한 식물을 찾는데, 이런 꽃구경이 보통 재미있는 일이 아니라고. 참다래키위와 창포, 부처손, 돌단풍, 인동덩굴, 골담초, 노박덩굴 등도 이 집 정원에서 볼 수 있다.

그는 토종 보호종으로 6월에 꽃이 피는 새우난초를 가장 매력적인 식물로 꼽고, 한여름 어디서나 많이 볼 수 있는 토종 나리를 좋아한다. "나이가 드니까 다 좋아요. 모든 게 다 예뻐요." 봄이 되면 묘지 주변 해가 잘 드는 곳에서 제일 먼저 보이는 풀이 제비꽃과 할미꽃인데 그가 요즘 들어 가장 좋아하는 풀이다. 동강할미꽃도 우연한 기회에 얻어 마당에서 길러 보았지만 석산 바위틈 제자리에 있어야 가장 아름다운 풀인데 나중에는 안쓰럽고 미안한 마음까지 들었다고. 가을 황토 처마 밑에서 감을 말리는 모습도 아름답지만 코끼리마늘이라 불리는 엄청 큰 마늘을 비롯해 각종 약초를 말리는 모습도 황토벽과 조화를 이루어 일부러 연출하기 어려운 흔치 않은 토속적인 분위기를 자아 낸다.

이 수목원의 가장 큰 특징은 세상에 단 하나뿐인 변이종들이다. 정원 주인이 자기 자식처럼 애착을 가지고 키우고 있다. 규모는 작아도 귀한 나무가 많다.

정원도시 부여의

마을 동산바치 이야기

금새우난초

새우난초

2020년 6월 새로운 작은 수목원을 집중해서 가꿀 요량으로 부근의 좀 더 큰 터로 이사를 했다. 정성으로 잘 가꾼 정원을 떠나게 되어 아쉽지는 않았는지 물으니 "그 집과 정원에서 그만큼 행복하게 즐길 수 있었던 것에 만족한다"고 말한다. 집착하지 않고 자기에게 주어졌던 즐거웠던 시절에 행복해 하는 모습은 진솔하게 즐긴 자만이 가질 수 있는 여유로움이다. 지금은 집 근처에 식물원을 조성하며 틈틈이 만수산으로 약초를 캐러 다니는 등 노년을 신선처럼 보내고 있다. "솔직히 정원은 고민이 많던 시절 여기 무량마을에 와서 알게 된 최고로 가까운 친구에요. 이것저것 걱정이 많을 때 유일하게 나를 편하게 해 준 일입니다. 정원에 나가면 그냥 편해져요."

	젊었을 때 그의 아내는 취미생활을 한다는 핑계로 한량 노릇 하는 것처럼 보인다고 남편이 정원 가꾸는 걸 좋아하지 않았다. 하지만 나이가 들면 부부가 서로 비슷해진다고 했나. 지금은 부인도 다육식물을 기르는 취미가 생겨 부부가 함께 정원을 가꾸는 즐거움을 누리고 있다. "정원은 그냥 보기는 좋지만 보기 좋게 가꾸는 건 굉장히 어려운 일입니다. 취미가 일이 되면 즐거움이 없어져요." 그는 욕심 부리지 말고 형편에 맞게 정원을 가꾸라고 권한다. "정원 일은 모르니까 더 재미있는 것 같아요. 삶에서 똑같은 건 없죠. 교과서 같은 것도 없어요." 그에게 정원은 나만의 독특한 삶이 스며든, 생명력 있는 재미있는 친구다.

정원도시 부여의

마을 동산바치 이야기

함께 둘러 보면
좋아요

외산면 만수리 무량사無量寺 청한당清寒堂

무량사는 원래 고려시대 절로 현재 위치가 아닌 아래쪽에 있었다. 현재는 임진왜란 이후에 건축된 목조 2층 전각인 극락전과 고려시대 초기 5층석탑, 석등으로 잘 알려진 사찰이자 명승지다. 무량사는 김시습과 떼려야 뗄 수 없는 관계다. 극락전 뒤편 좀 한적한 곳에 삼성각과 청한당清寒堂이 자리 잡고 있다. 청한당 터는 김시습이 1492년 이곳에 들어와서 1493년 입적할 때까지 거주하던 장소로, 지금 삼성각 자리의 토굴에서 지냈다고 알려져 있다. 청한당 터에는 2000년대 초반 까지도 주지스님이 거주하던 ㄱ자형 초가집이 있었다. 워낙 명당자리라 고시생들이 많이 머물렀다고 한다. 2008년 김시습의 호에서 따온 '청한당'이라는 이름으로 세 칸짜리 한옥을 새로 짓고 템플스테이 장소로 활용하고 있다. 김시습은 잘 알려진 매월당梅月堂을 비롯해 청한자清寒子, 췌세옹贅世翁, 동봉東峯, 설영雪影 등 여러 가지 호를 가지고 있고, 설잠雪岑이라는 승려 이름도 있다. 이곳은 남서향이라 종일 해가 잘 든다. 뒤로는 산이 감싸고 있고 앞으로는 계곡으로 물이 흐르고 있어 누가 봐도 선

계仙界의 명당이다. 고즈넉한 여유와 한가로움을 느낄 수 있는 이곳에서는 누구나 신선이 된다. 계곡 물은 마르는 때가 없고 물이 마를 만하면 비가 내린다고 한다. 현재 이 물은 만수리의 마을 수도로 사용하고 있다. 김시습의 부도는 일주문을 지나 내를 가로지르면 절 입구 왼편에서 볼 수 있다. 일제강점기 때 홍수로 큰 나무가 쓰러지면서 부도가 훼손되었다. 훼손 된 부도에서 나온 아기 주먹만 한 큰 사리는 국립부여박물관에 있다가 2017년 무량사로 돌아왔다. 2020년 옛 부도와 함께 새로운 부도를 조성했다. 무량사는 사계절이 모두 아름답지만 특히 봄의 벚꽃과 가을 단풍은 꼭 봐야 한다.

1 조선시대 임진왜란 이후에 신축된 복조 2층 전각인 극락전과 고려시대 5층 석탑과 석등

2 만수산 단풍이 아름다운 무량사 가을 풍경. 오른편 비어 있는 부분이 고려시대 무량사 터다. ⓒ부여군청

3 삼성각과 청한당의 늦가을 풍경. 삼성각 자리의 토굴에서 김시습이 승려생활을 했다고 전해진다.

외산면 만수리
무량사 청한당

은산면 내지2리
산밑뜸
분재정원

정원은 수양하는 곳,
바라만 보아도 기분이 좋아지는 곳

정원도시 부여의
마을 동산바치 이야기

정원은 수양하는 곳,
바라만 보아도 기분이 좋아지는 곳

"부여를 다녀 보니 어떤 정원이 제일 좋아요?" 정원 주인은 인터뷰를 하기 위해 방문했을 때 자리에 앉자마자 대뜸 이 질문부터 던졌다. 본인이 60년 이상 손수 가꾼 정원을 향한 애정과 자부심이 대단하다는 것을 단번에 느낄 수 있었다. 이 정원 입구에 들어서면 마치 유럽의 어떤 정원에 들어서는 것처럼 입구에 열 지어서 있는 토피어리자연 그대로의 식물을 여러 모양으로 자르고 다듬어 보기 좋게 만든 것 주목이 확 눈길을 끈다. 마당에 깔린 금잔디는 녹색 양탄자를 연상시킨다. 금잔디만 바라보고 있어도 눈이 시원해지고 정화되는 느낌이 든다. 평생을 화학교사로 일하다 은퇴한 정원 주인은 본인이 태어난 집터에서 살고 있다. 부모님이 살던 집터로 이사 와서 집을 지은 지 25년이 되었다. 마당에 있는 모란은 부인이 결혼해서 처음 여기에 왔을 때부터 그 자리에 있었다고 하니 족히 60년은 된 나무다. 예전에는 집 주변에 여유가 있는 땅은 대부분 채소밭이었지만, 어머니가 꽃을 좋아해 마당 한 구석에 분꽃과 채송화, 봉선화 등을 심어 길렀다. 당시에는 요즘에 비해 구할 수 있는 식물의 종류는 많지 않았지만 이웃들과 서로 식물을 주고받으며 만든 꽃밭을 보며 어린 시절을 보냈다.

그는 대학을 졸업할 당시 충청남도에 교사 발령 대기자가 많아 전북에 있는 한 고등학교의 화학교사로 첫 근무를 했다. 부임한 학교가 농업학교라 교정에 온실이 있었는데, 온실을 관리하는 담당교사보다 온실에 더 자주 들락거리며 국화 삽목 등 정원 일에 본격적인 관심을 갖게 되었다.

이후 다른 학교에 발령이 나도 계속 이 경험을 살려 온실관리를 하면서 정원 가꾸는 일을 놓지 않았다. 누가 시키지 않은 일이었지만 관심과 열정이 있었기에 풀과 나무가 있는 온실로 자연스럽게 발길을 옮긴 것이다.

전북에서 한 번 더 학교를 옮긴 이후에는 충남에 정착해 교직생활을 계속했다. 조치원현 세종시에 있는 한 학교에서는 교과수업 외에 선생님들이 각자 맡아야 할 특별 업무가 있었는데 그는 온실관리를 자원했다. 마침 교장선생님이 식물을 좋아하는 분이라 '전교생 1인 1화분 국화 가꾸기'를 제안해 국화 삽목 화분을 전교생 1000여 명에게 나누어 주고 2년에 걸쳐 국화전시회를 벌이기도 했다. 가지치기된 나뭇가지와 두 트럭의 모래를 가져와 직접 부엽토를 만들어 1000개가 넘는 국화 화분을 키운 것이다. 반별로 책임자 두세 명을 두고 물도 주고 가꾸면서 가을에는 어느 반이 가장 정성스럽게 아름다운 국화를 길렀는지 평가하는 자리를 갖기도 했다.

그는 1970년대 중반에 그 시절 흔하지 않던 분재를 처음 접하게 되었다. 그가 식물을 좋아한다는 사실을 잘 아는 주변 선생님들의 소개로 충북에 있는 한 분재원을 방문할 기회가 있었다. 야트막한 산에 집을 잘 지어 놓고 연못에 비단 잉어도 기르고 있는 곳이었다. 마당 군데군데 늘어놓은 시멘트 블록 위에 많은 분재 화분이 놓여 있었다. 그는 거기서 작은 사과나무 분재에 커다란 사과가 열린 걸 보고 신세계를 경험했다고 한다. "세상에 이렇게 분재를 하는 사람도 있구나." 분재원을 운영하던 사람은 일본 유학 중에 처음 접한 분재에 매료되어 나무 가꾸는 방법을 배우고 돌아와 분재원을 조성했다고 한다. 그는 주말마다 자전거를 타고

꽃잔디가 아름다운 봄의 정원

상록활엽수인 꽝꽝나무를 이용해 동네 담장을 만들어 단조로운 마을 풍경을 풍성하고 운치 있게 바꾸었다.

정원도시 부여의
마을 동산바치 이야기

분재원에 갔다. 주인이 반갑게 맞이하면서 친절하게 설명을 해 주어 분재에 관한 다양한 지식을 얻게 되었다. 신문·방송은 물론 일반적으로도 분재라는 용어를 그리 흔하게 들을 수 없던 시절이었는데, 분재의 대가 덕분에 관련 지식을 제대로 배울 수 있었다. 그는 그 때 이후 지금까지 분재를 계속해 오고 있다.

그는 집 한편에 있는 비닐하우스에서 많은 분재 화분과 키우기 쉬워 들여놓았다는 다육식물을 깔끔한 상태로 관리하고 있다. 여름에는 마당에 내놓아 기르고 온도가 내려가는 늦가을에는 온실로 옮겨 키우는 수고를 50년 이상 하고 있다. 분재는 화분에서 관리해야 하기 때문에 온도에 잘 적응하고 견딜 수 있도록 보살펴야 한다. 겨울에 이중온실에 있다 해도 난방장치를 제대로 조절하지 못해 소중히 여기며 정성스럽게 키우던 분재를 잃은 적도 있다고 한다.

그는 부여군에 있는 학교로 발령이 나면서부터 지금의 집터에서 거주하고 있다. 부친이 관리하던 논과 뒷산의 밤 농장이 있는 이곳에 정착해 농사를 같이 지었다고 한다. 옆에 있던 부인이 그때가 생각난 듯 "밤농사 논농사 내가 다 한거!"라고 말하니, 그도 "그려, 당신 때문에 살림 걱정이 많이 줄어들었지" 하며 웃는다. 그는 부여에 있는 학교에 근무할 때부터 집 앞 텃밭에 한 그루 한 그루 나무를 심기 시작했다. 마당에는 요즘은 흔히 볼 수 없는 잘 다듬어진 오래된 조형 향나무가 멋지게 자리 잡고 있다. 벌써 40여 년 전의 일이다. 지금은 추억의 명소로 사라졌지만 대전에 있는 만수원에서 30센티미터 크기에 손가락 굵기 만한 향나무 '가이즈카' 묘목 다섯 주를 사다가 담장 밑에 심었는데, 두 주는

정원 주인은 1970년대 중반쯤 그 시절
흔하지 않던 분재를 처음 접한 이후로
지금까지 분재를 계속해 오고 있다.

죽어 이듬해에 꺾꽂이를 해서 길렀다. 현재 다섯 주가 마당에 자리 잡고 있는데, 나무 모양을 만드느라 정원 주인이 많은 정성을 들였다. 지금은 자녀들이 방문할 때 종종 나무 손질을 돕기도 한다고. 바깥마당에 있는 멋진 토피어리로 열 지어 서 있는 주목은 1970년대 후반에 구입한 묘목 몇 주에서 씨앗이 떨어지면서 자연스럽게 자란 것들도 있지만, 꺾꽂이로 키운 것들도 있다.

정원도시 부여의

마을 동산바치 이야기

분재와 화초 가꾸기에는 부인의 역할도 컸다. 꽃밭 가꾸기는 그가 시작했지만 지금은 남편보다 부인이 식물에 관심이 더 많다. 부인은 동네 곳곳 이웃들의 집에 예쁜 꽃을 피우는 식물들이 퍼지는데 일조했으며, 집에서도 바람 불어 넘어진 가지를 묶어 주고 정리하는 등 부인이 더 열심히 정원을 돌보고 있다. 부부는 상록활엽수인 꽝꽝나무로 동네 담장을 조성해 단조로운 풍경을 풍성하고 운치 있게 바꾸기도 했다. 사위도 특별한 글라디올러스 구근을 사다 주거나 철따라 모종이나 씨앗도 주문해서 가져와 심어 준다고 한다.

정원 가꾸기와 분재 경험이 쌓이면서 그가 지역에서 하는 활동도 점차 늘어났다. 그는 부여군농업기술센터 국화연구회 회원으로 활동하면서 군에서 열리는 국화축제에도 10년 넘게 꾸준히 작품을 출품하고 있다. "한 송이 국화꽃을 피우기 위하여 봄부터 소쩍새는 그렇게 울었나 보다"라는 서정주 시인의 시처럼 국화꽃 한 송이를 피우기 위해서는 많은 시간과 노력이 필요하다. 가을에 만발하는 아름다운 국화꽃을 보기 위해 봄부터 꾸준히 농업기술센터에 들러 회원들과 정보를 나누기도 하고, 아름다운 형상을 만들기 위해 고심한다. 그래서 단순한 국화 화분이 아니라 '작품'이라 부르는 것이리라. 또한 부여군 안에 있는 여러 기관이나 명소에 본인이 정성껏 키운 나무를 기증해 식재하는 나무 나눔도 여러 차례 했다. 아무런 조건과 대가 없이 나무를 나누는 것은 많은 사람들이 나무의 성장과 변화를 보면서 자연의 아름다움과 나무가 주는 교훈을 함께 느끼기를 바라기 때문이다.

1970년대 중반부터 본격적으로 시작한 분재와 정원 가꾸기 때문에 그의 집과 마당은 사철 푸른 자연이 숨 쉬고 있다. 세월이 흐르는 동안 작은 변화도 있었다. 분재와 식물을 기르는 과정에서 초창기에는 나무에 집중했는데 점점 야생화에 관심을 갖기 시작했고, 지금은 다육식물로 관심의 영역이 확장되었다.

그는 마음이나 모습이 예쁜 사람을 보면 기분이 좋아지는 것처럼 멋진 나무와 잘 관리된 잔디는 바라만 보아도 기분이 좋아지고 부자가 된 것 같은 느낌을 준다고 말한다. 그리고 이런 아름다운 풍경의 임자는 바로 바라보는 사람이라고 강조한다. 정원에서 봄을 맞는 걸 제일 좋아한다는 그는 소나무도 좋아한다. 그래서 묘목부터 키워 온 4~50년 된 소나무는 물론, 마당과 주변에서도 소나무를 많이 볼 수 있다. 소나무는 잘 키우면 가치 있는 나무이기도 해 제일 좋아한다고 소나무 사랑의 이유를 말한다. 그는 우리에게 나중에라도 혹 부여에 자리 잡으면 마당에 심을 수 있는 수형 좋은 소나무 두 그루를 귀촌 선물로 주겠다고도 했다. 그는 "정원은 수양하는 곳"이라고 한 마디로 정의를 내렸다. 그리고 나중에 아버지로 선생님으로, 그리고 정원사로도 자식들에게 기억되길 바란다며 말을 맺었다.

정원 주인은 부여군농업기술센터 국화연구회 회원으로 활동하면서 군에서 열리는 국화축제에 국화 분재 작품을 계속 출품하고 있다.

정원도시 부여의

마을 동산바치 이야기

임천면 군사1리
도랑개
씨앗정원

상한 마음을 어루만져 준
나의 정원

정원도시 부여의

마을 동산바치 이야기

상한 마음을 어루만져 준
나의 정원

　　　　　　　　　큰길에서 벗어나 1~2분만 걸어 들어가면 성흥산 끝자락을 배경으로 한가로운 논과 마을 풍경이 펼쳐지고, 남향으로 자그만 개울 건너에 자리 잡은 정원이 보인다. ㄷ자 건물에 둘러싸인 마당은 좁다란 길만 빼곤 전부 정원이다. 텃밭과 화단이 면적이나 형태에서 절묘한 조화를 이루고 있다. 시골에서는 보통 텃밭을 따로 마련해 농사를 짓지만 낮에 출근을 해야 하고, 농사를 지어 보니 별로 잘 기르지도 못해 별도의 텃밭을 마련하지 않고 정원과 텃밭이 함께 어우러진 공간으로 만들어 나가고 있다. 그래서 상추도 꽃처럼 보이는 꽃상추를 기르고, 토마토나 배추도 집에서 먹을 수 있는 정도로만 조금 기른다. 초화류만 기르지 않고 채소까지 함께 기르는, 소위 가성비 좋은 농촌형 정원이라고 할 수 있다.

　　식물 기르기를 시작한 지는 10여 년이 되었다. 그는 당시 우울증이 심해 사람한테 계속 상처받는 경우가 많아 기댈 곳이 필요했다. 동물은 조금 무서워 식물을 기르기로 마음먹고 일하던 사무실을 화원처럼 꾸몄다. 큰 변화가 없는 선인장이나 다육식물 종류보다는 계속 꽃이 피고 지는 식물이나 씨앗을 심어 발아시켜 키우기를 좋아했다. 저절로 알아서 식물이 자라는 모습을 볼 때마다 신기하기도 하고 재미도 있었다. 또 식물을 키우는 곳이 실내라 사계절 계속 꽃을 볼 수도 있었다. 이렇게 그는 식물 돌보는 일에 집중하면서 우울증을 견딜 수 있었다.

　　결혼 후 대천에서 임천면으로 온 지 27년. 그는 마당 정원에 관한 추억 이야기를 풀어 놓았다. 어릴 때 외할머니 집 들어가는 길목 양쪽으로 '뱀꽃'이라 부른 마리골드가 풀 한 포기 보이지 않게 빽빽했고, 석류나무를 비롯해 여러 종류의 나무도 있었다고 한다. 마당에는 군데군데 한 종류의 식물을 아주 많이 심어 놓기도 했었다. 펌프로 물을 끌어올리던 외할머니집 우물가에는 대나무로 만든 높은 지붕 옆에서 능소화와 포도가 자랐다. 그에게는 능소화 덩굴이 올라가면서 주황색 꽃과 익어 가는 포도의 보라색 열매가 아름답게 조화를 이루었던 기억이 아직도 생생하다. 또 여름이면 이모들과 마당의 봉선화로 손에 물을 들이면서 재미있게 놀기도 했다. 아마 어린 시절 이런 좋은 추억 때문에 나중에 식물을 기르며 상한 마음을 위로 받지 않았을까?

여름에 사무실에서 기르던 화분을 밖에 내어놓으면 손을 타 없어지기도 한다는 이유도 있었지만 화분보다 땅에서 기르고 싶어 마당에서 식물을 키운 지 3년쯤 되었다. 본격적으로 정원을 조성한 지는 그리 오래되지 않았다. 마당 흙이 30센티미터 깊이밖에 되지 않아 식재 기반을 조성하는 일부터 쉽지는 않았다. 실내와는 다른 조건이라 주변의 도움도 받고 많은 시행착오를 거치며 이제는 쉬운 방법만 찾기보다 어렵더라도 재미있는 방법을 적극적으로 시험해 보기도 한다.

임천면에 오래 살았어도 아이들 학교 선후배 엄마 정도로만 알고 지내며 가끔 아이들 교육 문제로 이야기를 나누던 분이 있었다. 성격 좋고 정원을 잘 가꾸던 이웃 최동권 씨가 그도 꽃밭을 가꾼다는 사실을 알고 먼저 손을 내밀어 주어 식물을 나누면서 언니 동생 하는 사이가 되었다. 식물과 정원으로 인연이 이어져 조미영 씨와도 가깝게 지낸다. 같이

정원도시 부여의
마을 동산바치 이야기

담장 아래 분홍낮달맞이꽃이 화사하게
피어 있다.

만나 운동도 하고 식사도 하고 꽃 구경도 다니곤 한다. 우리가 우연히 세 사람이 함께 모여 있을 때 방문한 적이 있는데, 식물 이야기가 나오자 서로 신이 나서 시간 가는 줄 모르고 생기 넘치게 대화를 이어 나갔다.

그는 우울증이 최악으로 치달았을 때 누군가가 내 손을 잡아 주었으면, 누군가가 돌보아 주었으면 하는 마음이 간절했다고 한다. 하지만 마음이 이런 상태일 때도 정원 식물의 잎이 올라오고 꽃이 피는 것을 보려면 누군가 일을 해야 했다. 때가 되면 씨앗을 심어야 하고, 벌레가 생기면 잡아 주어야 하고, 풀도 뽑아 주어야 하며, 물도 주어야 하고, 필요하면 영양제도 주어야 했다. 내 마음이 힘든 상태였지만 누군가가 돌보지 않으면 이 식물들이 죽을 텐데, 하는 마음이 들었다고 한다. 그는 이렇게 식물의 마음이 되어 관심을 가지고 손을 내밀어 식물을 돌보면서 우울증을 극복할 수 있었다. 이른 봄 누구보다도 정원 일을 먼저 시작하는 ㄱ가 호미를 들고 나서는 걸 보면 동네 할머니들이 이런 말을 한단다. "봄이 왔구나. 네가 호미 들고 나서는 거 보니 이르긴 하지만 나도 슬슬 준비를 해야겠다" 이렇게 그는 자신이 '봄을 알리는 사람'으로 불린다는 사실에서도 정원을 가꾸는 의미를 찾고 있다.

봄이 되면 지난해 떨어진 씨앗이나 바람에 날아 온 씨앗들이 아무 데서나 새싹을 밀어내고 꽃을 피운다. 그렇게 마당 전체가 꽃밭으로 변하는 걸 보면서 '꽃멍'을 때리고 있으면 마음이 편안해지고 뭔가 부자가 된 것 같은 뿌듯한 느낌이 그를 사로잡는다. 그는 희귀하고 화려한 꽃을 피우는 식물보다 조그마하고 단아한 야생 들국화를 좋아한다. 몇 년 전 동네 사람이 백두산에 다녀오면서 선물로 준 야생 구절초가 늦여름부터

정원도시 부여의
마을 동산바치 이야기

초겨울까지 마당을 뒤덮는다. 사무실에서 키우려고 5000원 주고 산 안개꽃은 너무 잘 자라 여러 사람들에게 나누어 주었고, 자신의 마당에도 심었다. 여름이 지나고 화단을 정리하면서 마당에 배추를 심었는데, 어떻게 된 건지 배추 밑으로 안개꽃이 올라오며 만발해 재미있는 풍경을 보기도 했다. 시간이 지나면서 식물 기르기에 익숙해져 여유가 생기자, 그는 뭔가 색다른 걸 해 보고 싶었다. 어쩐지 위쪽이 허전해 페트병을 거꾸로 매달아 방울토마토가 거꾸로 자라게 길러 보기도 했다. 꽃상추는 주름이 많아 흙이 묻으면 씻기 힘들기 때문에 내년에는 하우스 시설 재배처럼 지붕 물받이 관을 이용해 흙이 묻지 않게 키워 보려고 생각하고 있다. 마당 한구석에 잘 정리된 씨앗보관소는 이 정원의 중요한 특징이고 보물이다.

정원을 사무실에서 마당으로 옮기고 나서는 직장에서 일하는 낮에 집에서 식물을 보는 시간이 줄어들어 일부러 새벽에 일어나 식물을 돌보는 시간을 늘렸다. "죽어 가는 식물이라도 아침저녁으로 예쁘다 예쁘다 하면서 보기만 해도 신기하게 다시 살아나는 경우가 많아요. 주변 사람들이 상태가 좋지 않은 식물을 가지고 저에게 오기도 하는데, 그 식물을 풍성하게 만들어 다시 되돌려 줄 때 괜히 우쭐해지면서 기분이 좋아집니다." 남편은 처음에는 마당도 여유가 없어지고 집안까지 식물이 침범한다고 불만이었는데, 이제는 주변에서 정원이 예쁘다고 칭찬하면 좋아한다. 아마 남편과 함께 정원을 가꿀 날이 멀지 않은 듯하다.

"지나다니는 사람들이 내 집처럼 편하게 우리 정원을 구경하면 좋겠어요. 제가 마당에 있으면 그래도 들어와서 구경하기도 하는데, 남의

거꾸로 자라는 방울토마토

농네 사람이 백두신에 디녀오면서 건해 준 야생 구절초

정성들여 모은 씨앗은 정원의 자랑이자 보물이다.

정원도시 부여의
마을 동산바치 이야기

정원도시 부여의

마을 동산바치 이야기

집이라 개울의 나무다리를 건너 마당에 들어오는 걸 어려워들 해요. 그래서 개울 건너에도 조그만 정원을 만들고 의자도 마련해 편안하게 쉬었다 갔으면 하는데 논 전체를 구입하지 않으면 할 수 없는 일이라 시작을 못 하고 있습니다." 그는 이 말을 하면서 많이 아쉬운 표정을 지었다. '누구나 편안하게 쉬었다 갔으면' 하는 말을 여러 번 강조하는 걸 보니, 본인이 정원에서 마음의 상처를 치유하고 편안해졌다는 사실을 다른 이들과 나누고 싶은 심정이라는 것을 느낄 수 있었다. 임천면 군사리의 비밀정원은 정원을 매개로 이웃이 서로 이해하고 도우며 아픔을 치유하면서 아름다운 21세기의 마을 공동체를 이루어 낸 훌륭한 사례로 남을 것 같다.

정원도시 부여의
마을 동산바치 이야기

| 함께 둘러 보면
좋아요 | 사라진 부여의 도시화석

임천면 구교리 임천중학교 건너편에 동아서점이 있었다. 2020년 추석 직후 길을 지나다 서점 간판을 보고 반가운 마음에 구경을 하고 싶어 안으로 들어갔다. 아무도 없어 사람을 찾으니 주인 어르신이 안에서 나오며 추석부터 더 이상 서점을 운영하지 않고 문을 닫았다고 했다. 연탄난로와 오래된 물건들이 여기저기 쌓여 있어 옛 시절을 저절로 떠올리게 하는 이곳은 전형적인 시골 학교 앞 문방구 같은 서점이었다. 현재는 리노베이션을 했지만 벽에 붙인 동아서점 간판은 그대로 남아 있다. 아마 평생 일터의 마지막 흔적을 그냥 없애 버리기가 쉽지는 않았을 것이다. 부여에는 최근까지 존재하다 사라진 20세기 도시화석들이 많다. 1960~70년대 수학여행의 단체 숙소로 추억이 될 만한, 마당 가운데 세면장을 두고 사방으로 방이 있는 부여읍의 낙원여인숙도 젓갈 가게로 변해 이전 모습을 전혀 찾아볼 수 없다. 지금은 흔적도 없이 모두 사라졌지만 5일장이 열리던 옛 부여시장에는 불과 10여 년 전까지만 해도 전형적인 장옥長屋이 목재 트러스구조의 지붕을 갖춘 아케

1 임천면 구교리 동아서점
2 부여읍 낙원여인숙

사라진
부여의 도시화석

이드와 함께 남아 있었다. 건축문화유산으로도 매우 중요한 가치가 있는 두 건물이었다. 다행히 부여에서는 아직도 1960~70년대 모습이 남아 있는 이발소, 차부정류장에서 차표를 팔던 작은 가게, 구룡면 논티리마을 같은 20세기 도시화석을 어렵지 않게 찾아볼 수 있다. 이제라도 보존 가치가 있는 20세기 도시화석들이 건축문화유산이나 생활문화유산으로 보존되어, 역사문화도시 부여의 단순한 과거 흔적이 아니라 자랑할 만한 미래 문화자산이 될 수 있기를 소망해 본다.

3   구룡면 태양리 일력이용원

4   구룡면 논티리 전경

5   규암면 규암리 백마여관

6   내산면 운치리 차부

7   은산면 은산리 현대이발

8   장옥은 양편으로 길게 늘어선 지붕이 덮인 시장거리를 말한다. 형태가 온전하게 남아 있어 근대 건축물로도 의미가 있던 부여읍 장옥은 2010년 아쉽게도 헐렸다.

사라진

부여의 도시화석

임천면 군사2리
개울가
항아리정원

드라마틱한 인생의 끝에서 만난
심장을 뛰게 하는 정원

정원도시 부여의

마을 동산바치 이야기

드라마틱한 인생의 끝에서 만난
심장을 뛰게 하는 정원

　　　　　　　　　개울가에 예쁜 정원이 있는 집이 있다고 소개를 받고 찾아갔다. 주인을 찾으니, "잠깐 기다리세요. 엄마 안에 계세요" 하면서 주인을 모시고 나오기에 당연히 딸인 줄 알았는데 며느리였다. 시어머니를 어머니라는 호칭도 아니고 엄마라고 부르는 것이 놀랍기도 하고 너무 신선했다. 나중에 물어 보니 어렸을 때부터 동네에서 같이 자라고 읍내 학교도 아들과 같이 다녀 친딸이나 다름없다고 한다. 어머니가 너무 젊어 또 물으니 결혼을 일찍 해 아이를 가졌고 아들 역시 일찍 결혼해 40대에 할머니가 되었단다. 시어머니와 며느리 사이가 아니라 친구 같은 엄마와 딸 사이 같아 보기에 좋았다. 후에 이야기를 나누면서 며느리 사랑도 아들이나 딸을 대하는 사랑과 전혀 다르지 않음을 알 수 있었다.

　　　　오래전 독일의 작은 베네치아라고 알려진 밤베르크를 꼭 보고 싶어 일부러 방문을 했다가 기대가 너무 컸는지 실망만 하고 돌아온 적이 있다. 그에 비하면 막 새싹이 올라오고 봄꽃이 활짝 핀 임천면의 개울가 정원이야말로 한국의 작은 베네치아라고 불러도 전혀 손색이 없는 아름다운 풍경이다. 큰길가도 아니고 집 뒤편 작은 개울과 면해 눈에 잘 띄지도 않는 좁고 길쭉한 땅에 절묘하게 정원이 조성되어 있다. 사람이 걸어 다닐 만한 좁은 길을 빼고는 모두 정원식물로 뒤덮여 있다. 항아리, 돌절구, 돌확 등을 이용한 대부분의 화분은 이 정원의 자랑이자 특징이다. 항아리가 정원에 많이 사용될 수밖에 없는 특별한 이유가 있다는 걸 나중에

집 뒤편 작은 개울과 면해 눈에 잘 띄지도 않는 좁고 길쭉한 땅에 절묘하게 만들어진 정원

항아리, 돌절구, 돌확을 활용한 화분은 이 정원의 자랑이자 특징이다.

알게 되었다. 정원 주인이 옛 물건을 좋아해 집안이나 정원 곳곳을 오래된 물건으로 장식하고 있었기 때문이다. 요즘은 남편이 오히려 더 적극적으로 항아리나 돌절구, 창호문 같은 옛 물건을 보이는 대로 모아서 주고 있다. 돌절구만 30개가 넘고 항아리는 셀 수 없을 만큼 많다. 어릴 때 집에도 어머니가 재봉틀, 항아리, 작두, 농기구 같은 옛 물건을 버리지 않고 모아 두었다는데 아마도 그 영향인 것 같다.

정원 주인의 고향은 안성이다. 고향 집 뒤로는 밤나무가 많은 산이 있었고 마당에는 채송화, 봉선화 등 꽃이 피는 식물들이 많았다. 돌나물도 가득했으며 초여름에는 나리꽃도 볼 수 있었다. 그는 한여름에 우물 지붕 위로 덩굴식물 여주가 휘감아 올라가던 모습이 아직도 눈에 선하다고 말한다. 어린 시절 이모 고모하고도 가까운데 살면서 왕래가 잦아 재미있게 지냈는데, 특히 그는 주말에 고모네 집에 자주 들렀다. 고추 따는 일을 돕고 전자시계를 선물로 받은 적도 있고, 자장면 사 준다는 말에 시장에 고추 팔러 따라 나갔던 일도 소중한 기억으로 남아 있다. 서울에서 남편을 만나 결혼하고 대전에서 큰아이가 열 살이 될 때까지 살다 남편의 고향인 이곳 임천면으로 와서 지금까지 살고 있다.

그가 정원을 만들기 시작한 지는 10년, 본격적으로 정원을 가꾼 지는 5년 정도 되었다. 동생 말이 엄마를 닮아 언니가 식물을 좋아하고 정원을 가꾸는 것 같다고 하는데, 예쁘거나 특별한 꽃을 피우는 식물을 보면 언니에게 사다 주는 걸로 보아서 동생도 머지않아 자신의 정원을 만들 것 같다. 정원 주인은 특별히 야생화를 좋아해 가까운 홍산장이나 부여장은 물론 주변 강경장까지 나가 구경을 하며 눈에 들어오는 야생화를 사오기도 한다. 임천교회 목사님도 식물을 좋아해 늘 차로 직접 운전을 해 주면서 식물을 좋아하는 동네 사람들과 같이 다닌다는 말도 덧붙인다.

거의 1년 가까이 자주 정원을 드나들면서 가까이에서 사진도 찍고 이야기도 나누었지만 우리가 무뎌서인지 아주 최근에서야 정원 주인이 시각 장애가 있다는 걸 알게 되었다. 그것도 중증으로 5년 전에 장애인 판정을 받았다고 한다. 그는 그때부터 일을 그만두고 정원 가꾸기에 집중하기 시작했다. 늘 너무 밝고 활동적인 모습을 보여 주었기에 짐작도 못 했는데, 색도 흑백으로 보이고 거의 눈이 보이지 않는 상황이라고 한다. 청력이나 다른 감각이 발달한 선천적 시각장애인이 아니고 후천적 장애라, 요즘은 누군가의 말을 듣고 대화를 할 때 상대방의 입술 모양을 볼 수 없으면 많이 어렵다고 말을 하는 데도 표정이나 말 속에서 그늘을 느낄 수가 없었다. 정원 일이 너무 즐겁고 할 일도 많아 다른 생각할 틈이 없고 식물 때문에 삶의 의욕과 의미가 남다르다고 한다.

"정원은 심장 같아요. 겨울 끝자락에 초봄이 오면 벌써 심장이 뛰는 게 달라지는 걸 느낍니다." 봄이 가까우면 정원을 어떻게 가꿀지 고민하느라 즐겁게 잠을 설칠 때도 있고, 아침마다 새싹이 올라오면서 매일 변하는 과정이 너무 신기하고 기대가 되어 밤이 싫고 잠자는 게 아까울 정도라고 한다. 볼 수 없으니까 식물 생김새의 차이를 손끝의 감각으로만 느낄 수 있어 정원 일은 맨손으로만 한다. 정원에 항아리를 많이 사용하는 이유도 맨땅이 그만큼 없어져 풀 뽑는 일도 줄어들지만, 무엇보다도 항아리의 모양이나 크기, 위치, 배치 방법을 손의 감각으로 인식해 심은 식물을 구별하면서 정원을 관리할 수 있기 때문이다.

"할 일이 너무 많아 잠자기도 아까워요. 잠은 무덤에서 실컷 자면 되지요." 가끔 당근마켓에서 식물이나 씨앗 나눔을 하는데, 주는 즐거움이 보통이 아니라고 한다. 어떤 분은 고맙다고 집에서 기르는 오이나 호박을 가져오기도 하고, 그림을 선물로 준 화가도 있다. 식물로 친구가 되고 언니 동생 부르는 사람도 많이 생겼다. 2년 전 지렁이를 구입하고 싶다고 어떤 여성이 찾아왔는데, 낚시를 하려는 것 같지는 않고 느낌에 정원을 가꾸면서 땅을 비옥하게 만들려는 것 같아 물어보니 예상이 맞았다. 지렁이는 흙을 먹었다가 토해 내며 땅을 부드럽게 만들어 준다. 지렁이는 두엄에 가면 잔뜩 있기 때문에 남편을 시켜 지렁이를 구해 주기도 했다. 오래전 부근에 귀촌한 분으로 이때 처음 알게 되어 정원을 매개로 언니 동생 사이가 되었다. 이렇게 정원은 한 사람의 삶에 새 생명의 빛을 비추고, 그 삶이 여러 사람에게 행복과 용기를 전하는 희망의 빛이 되어 건강한 마을공동체를 만들어 나가는 데 일조하고 있다.

주인은 정원에서 들리는 개구리 소리가 좋아 개구리를 길렀더니 뱀이 나타나 너무 무섭고 놀랐던 경험이 있다. 그래서 마당에 나무 덱을 깔았는데, 아무래도 흙이 좋아 덱을 없애고 다시 흙을 밟을 수 있는 잔디밭 정원을 만들려고 한다. 마당과 개울가 축대 사이사이에 뱀이 싫어한다는 마리골드를 심었더니 그 후로는 뱀을 보지 못했다고. 개울 건너편도 국화 꽃길을 만들고 싶은데 모양을 잡으며 가꾸려면 혼자 힘으로는 엄두가 나지 않아 마리골드라도 심어서 내년에는 꽃길 만들기를 시작해 볼 것이라고 말한다.

정원도시 부여의

마을 동산바치 이야기

항아리, 돌절구, 돌확, 창호문 등을 화분이나 정원 장식에 활용하고 있다.

정원도시 부여의
마을 동산바치 이야기

"이제 와서 돌이켜 보니 남편을 만난 것도, 남편과 무작정 무주구천동 산골로 여행을 가서 빈집에서 한 달 동안 살면서 송사리도 잡아먹고 산에서 나무해 아궁이에 불 때는 생활을 해 본 것도, 갑자기 시각장애자가 되었지만 다행히 정원에 집중하면서 새로운 삶이 시작된 것도 모두 책으로 쓰면 몇 권이 될 정도로 코미디 같은 인생이었어요." 드라마틱한 삶을 살았던 정원 주인의 장기적인 목표는 폐교를 구입해 마음껏 야생화 정원을 만들고, 모아 놓은 옛 물건으로 자그마한 박물관도 꾸미고, 깔끔하고 예쁜 게스트하우스를 만들어 다양한 사람들과 만날 수 있는 공간을 만드는 것이다. 그는 워낙 긍정적이고 사람을 좋아하며 나누고 베푸는 일을 즐겨 하는지라 남편을 비롯해 가족들이 적극적으로 돕고 있어 꼭 실현될 것이라 믿고 있다. 그가 정성으로 꾸민 아름다운 정원이 있는 게스트하우스에서 머지않아 머물 날을 그려 보니 나도 절로 심장이 뛴다.

정원도시 부여의
마을 동산바치 이야기

> 함께 둘러 보면
> 좋아요

임천면 군사리 마을 풍경

지금은 모두 부여군으로 불리지만 조선시대 부여에는 부여현, 석성현, 임천현, 홍산현, 네 개의 현이 있었고 1914년 조선총독부가 부여군으로 통폐합했다. 각 현에는 동헌과 객사, 향교가 마을 중심에 자리 잡고 있었다. 현재 임천면 동헌 자리는 임천파출소가 있다가 옮기면서 주춧돌만 남아 있고, 객사 자리에는 임천초등학교가 들어서 있다. 부여에서 금강 하구둑으로 가는 29번 국도에서 보이는 군사리는 가림성과 사랑나무가 멀리 보이면서 성흥산 자락의 향교 기와집과 함께 어렴풋이 임천면이 아닌 임천현의 옛 모습을 상상해 볼 수 있게 해 준다. 오래전 햇빛이 잘 들고 풍광이 좋은 임천현을 중심으로 마을이 자리 잡을 수 있었던 이유를 느낄 수 있다. 그 옛날 말을 타거나 걸어서 마을로 들어갈 때도 아마 이곳 어딘가에서 마을을 보며 다 왔다는 안도감에 편안해지지 않았을까 상상해 본다. 차량 통행이 많지 않아 도로 주변에 조그만 쉼터와 전망대를 만들면 지나가던 사람들이 잠깐 쉬면서 고즈넉한 시골 마을 풍경을 즐길 수 있을 것 같다.

임천면 군사리
마을 풍경

임천면 군사2리
솟을대문정원

작은 식물 하나라도
공간에 어울리게 심고 가꾸면 되죠

정원도시 부여의

마을 동산바치 이야기

작은 식물 하나라도
공간에 어울리게 심고 가꾸면 되죠

　　　　　　　　　　길을 지나다가 나지막한 담장 너머로 삼색제비꽃과 꽃잔디가 마당을 가득 채운 모습이 눈에 확 들어왔다. 안동이 고향인 정원 주인은 논산에서 살다 이곳으로 온 지 8년이 되었다. 아파트 살 때 화분을 키우기는 했지만 늘 꽃밭과 마당이 있는 집을 꿈꾸었다고 말한다. 그는 중학교 시절 용돈이 생기면 풍산읍으로 나가 아프리칸바이올렛(아프리카제비꽃)처럼 화려하고 예쁜 꽃이 피는 식물을 사서 마당에 심곤 했다. 어릴 때 집에서 식물을 키우면 돈도 안 되는 거 키운다고 어른들한테 핀잔도 많이 들었단다. 당시만 해도 안동은 유교사상이 철저해 며느리가 딸을 낳으면 보따리 싸라고 할 정도로 여자를 귀하게 여기지 않았고, 여자들은 초등학교를 졸업하면 거의 상급학교에 진학하지 않았다. 다행히 어머니가 트인 생각을 가진 분이라 딸도 공부를 계속할 수 있게 해 주어 대학까지 졸업할 수 있었다. 그의 어머니는 아흔의 나이에도 여전히 글도 읽고 그림도 그린다.

　　정원 주인은 초등학교 시절 토요일 이른 아침이면 식물을 심는 마을 가꾸기 화단사업에 동원되곤 했는데, 그때 예쁜 꽃을 보면 탐이 나서 집에다 심고 싶은 마음이 생겼다고 한다. 어릴 때 집에 특별하게 화단이 있었던 것도 아니어서 지금 이렇게 식물을 좋아하는 건 부모님과 집안 환경과 상관없이 본인의 성향인 것 같다고 말한다. 지금 이 집으로 이사 왔을 때 마당에 감나무를 비롯해 살구나무, 뜰보리수, 매실나무 등 유실수가 몇 그루 있었다. 마당이 그늘진 곳이고 모두 고목이라 열매도 잘 안

정원도시 부여의

마을 동산바치 이야기

정원도시 부여의

마을 동산바치 이야기

열리기에 베어 내고 나만의 정원을 일구기 시작했다. 그때 베어 낸 나무들은 다듬어 화분 받침대로 사용하고 있다.

땅이 척박하고 돌이 많이 나와 처음에는 식물이 잘 자라지 못하고 고생을 많이 했는데, 시간이 지나면서 기특하게도 잘 적응을 해 주어 이제는 그래도 제법 번듯한 정원 모습이 되었다. 그는 봉선화나 제비꽃같이 씨앗에서 자연 발아해 싹이 나고 꽃이 피는 과정을 즐긴다. "싹이 나네. 너 잘하고 있구나"라고 말을 건네면 식물들이 이 말을 알아들은 듯이 더 잘 자라는 느낌을 받는다. 온 마당에 퍼진 삼색제비꽃은 초봄에 산책길 틈바구니에서 야생화처럼 피어 있는 것을 가져와 심은 것인데, 겨울에도 햇빛이 좋으면 꽃을 피운다고 한다. 겨울에도 마당에서 제비꽃을 볼 수 있다니! 정원 주인이 수국을 좋아해 뜰 안팎에 커다랗게 흰 꽃을 피우는 나무수국과 핑크빛 미국수국 '애나벨'도 키우지만 자잘한 꽃이 피는 야생화나 나비수국 *Rotheca Myricoides*도 좋아한다. 어릴 때는 수국이 드물었기 때문에 집에 심고 싶었던 것 같다. 마당 여기저기에서 자태를 뽐내는 큰꽃으아리는 서양 클레마티스처럼 화려하지는 않지만 청아한 흰 꽃도 예쁘고 씨방의 모습도 봄까지 꽃처럼 하얗게 달려 있다. 부인은 소박한 여러해살이풀의 꽃을, 남편은 화려한 꽃을 피우는 식물들을 좋아한다. 부인은 나뭇가지도 늘어지는 걸 보기 좋다고 생각하는데, 남편은 자꾸 가지를 자르려고 한다고.

"유럽 정원을 좋아해 책이나 유튜브 영상을 보곤 했는데, 그때는 정원이라는 걸 거창하게 생각했어요. 여행할 기회가 있어 유럽에 가 보니 소박하게 창문에 늘어진 제라늄이 인상적이더라고요. 우리나라에서도 흔하게 볼 수 있는 식물이었지만 다른 느낌이었습니다. 그래서 그때 정원이 대단한 게 아니라 작은 식물 하나라도 조건이나 공간에 어울리게 심고 가꾸면 되는구나, 라는 생각을 하게 되었어요. 우리가 흔히 꽃밭이라고 부르는 게 바로 정원 아닌가요?" 결국 그는 돌아와서 프랑스나 이탈리아에서 보고 느낀 점들을 여러 가지 방법으로 본인의 정원에서 실현해 나가고 있다.

그는 정원에 심하게 매이고 싶지는 않고 할 수 있는 만큼만 일하면서 소소한 즐거움을 느끼기를 원한다. 문자중독이라 독서를 즐기는데, 식물에 관련된 책도 찾아보며 공부를 한다. 하지만 지식에 매몰되기보다 마당에서 직접 이런 저런 식물을 키워 보는 경험이 훨씬 더 정원 가꾸는 일에 많은 도움이 된다고 말한다. "정원을 가꾸면 생활에 탄력이 생기고 삶의 밀도도 높아져요. 작년에 심었던 식물의 꽃에서 씨앗이 떨어져 심지도 않았는데 새싹이 올라오고, 햇살에 잎사귀들이 반짝거리며 빛나는 모습만 봐도 저절로 탄성이 나오면서 작은 행복에 젖어 들곤 해요. 정원은 일상생활이고 나의 삶 속에 깊이 들어와 있어요. 누구나 화분 하나라도 장만하면 이전과는 다른 풍성한 삶으로 변하게 될 겁니다."

초여름 담장 전체를 덮으며 늘어지는 빨간 장미는 혼자만 보기 너무 아까운 잊을 수 없는 풍경이다. "식물을 심는 건 내 마음이지만 꽃을 피우는 건 식물 마음대로입니다. 생각과 달리 이상한 방향으로 정원이 흘러가기도 하죠. 정성이 너무 지나쳐도 안 됩니다. 살아 있는 생명체라 마당의 조건에 따라 환경 차이가 있어 물을 주는 기초적인 일부터 식물마다 돌보는 방법이 다 달라요." 정원의 아름다운 식물을 보는 사람은

초여름 담장 전체를 덮으며 늘어지는 빨간 장미는 혼자만 보기 너무 아까운 풍경이다.

산책하는 길에 야생화처럼 피어 있는 삼색제비꽃을 가져와 심었는데, 마당 여기저기에 퍼졌다.

정원도시 부여의
마을 동산바치 이야기

대가는 물론 아무런 노력 없이 그냥 즐기지만, 가꾸는 사람에게는 이렇게 만들기가 보통 어려운 일이 아닐 것이다.

    이 집 정원에서는 오래된 외발수레 같은 물건을 활용해 화분으로도 사용하고 장식도 한다. 요즘은 정원 주인의 딸도 빈티지 물건을 좋아해 엄마가 좋아할 물건들을 구해 가져다 준다. 시간이 나면 좋다는 정원 카페를 일부러 찾아다니기도 한다. 딸이 친한 친구처럼 엄마와 전시회나 영화를 같이 보러 다니기도 하고, 정원 관련 다큐멘터리나 영화를 찾아 엄마에게 권하기도 한다. 영화를 좋아한다기에 내가 좋아하는 〈마담 프루스트의 비밀정원〉을 보았냐고 물어보니 "그럼요. 당연히 봤지요"라는 답이 돌아와 더욱 친근하게 느껴지기도 했다. 한옥 솟을대문으로 들어가는 입구와 계단은 유럽 주택의 창문을 장식하는 화려한 제라늄처럼 보는 이에게 즐거움을 선사하고 싶어서인지 특별히 정성스럽게 가꾸는 듯하다. 정원 주인은 철 따라 화분을 바꾸며 꽃길을 만들고 있다. 일곱 살 손녀도 할머니를 닮아 식물을 좋아해 화원에 식물 사러 가는 것도 좋아하고 식물 이름도 많이 안다고 한다. 손녀가 대를 이어 할머니와 함께 정원을 가꾸고 지켜 나가는 모습을 상상해 본다. 정원 이야기를 나눌 때 흔하게 등장하는 '꽃밭'이라는 좋은 우리말이 있다는 걸 잠시 잊고 있었는데, 다시 생각할 수 있게 해 준 의미 있는 만남이었다.

                                        정원도시 부여의
                                        마을 동산바치 이야기

> 함께 둘러 보면
> 좋아요

임천면 군사리 가림성 사랑나무

가림성은 성흥산에 있어 성흥산성으로도 불렸지만 지금은 원래 지명인 가림성으로 불린다. 성 정상에 오르면 논산, 강경, 한산, 홍산, 서천 일대가 한눈에 들어오고 익산과 군산까지 이어지는 금강 줄기를 바라볼 수 있어 이곳이 군사요충지였음을 알 수 있다. 가림성에는 높이 3~4미터, 길이 1500미터 규모의 돌로 만들어진 성벽이 남아 있다. 백제 패망 후 백제부흥운동의 거점으로 이용되었으며 신라·고려시대에도 군사적으로 중요한 위치였다. 부여에서 최고의 멋진 파노라마 전망을 볼 수 있는 곳이 바로 여기다. 사방에 막힌 게 없어 새해 첫날에는 성흥산 해맞이 행사가 열린다. 가파른 절벽을 200여 미터 오르면 성벽에 붙어 있는 사랑나무를 만날 수 있다. 가림성 사랑나무는 수령 400년의 느티나무로 최근 천연기념물로 지정되었다. 하트 모양의 가지와 서동요의 전설 때문에 '사랑나무'로 불리는 이 나무는 영화나 드라마에 등장하면서 인기가 높아졌다. 특히 해 질 녘 석양을 배경으로 사랑나무 밑에서 손을 하트 모양으로 만들고 찍는 사진은 SNS에 자주 등장한다. 올라

갈 때는 갑자기 가파르고 좀 힘한 길이라 주변을 잘 보지 못하지만 내려올 때 여유를 가지고 주변을 살피면 바위에 자리 잡은 문화재급 소나무도 덤으로 볼 수 있다. 조금 더 내려와 대조사를 방문하면 바위틈에서 자라고 있는 오래되고 아름다운 소나무와 석조미륵보살입상을 만날 수 있다. 현재 면사무소 앞 과거 동헌 자리에도 보물 같은 소나무가 서 있다.

1 석양을 배경으로 사랑나무 밑에서 손을 하트 모양으로 만들고 찍는 사진은 SNS에서 많이 보인다.
2 성흥산에 오르면 사방을 모두 조망할 수 있다. 멀리 금강과 계룡산이 보인다.
3 성흥산 가림성과 사랑나무. 절벽 위의 가림성은 방어를 위한 훌륭한 요새였다. ⓒ부여군청

임천면 군사리
가림성 사랑나무

임천면 군사2리
큰 마당 돌정원

가꾸는 사람의 즐거움을 넘어 이웃에게
감동을 전염시키는 곳

정원도시 부여의

마을 동산바치 이야기

가꾸는 사람의 즐거움을 넘어
이웃에게 감동을 전염시키는 곳

머리도 길고 처음 보는 낯선 남자가 대문을 열고 마당에 들어와 사람을 찾으니 나가야 되나 말아야 되나 처음에는 잠시 고민을 했단다. 정원이 너무 예뻐서 실례를 무릅쓰고 들어왔다며 정원을 구경하고 싶다는 말을 들었을 때는 '난데없이 정원 구경이라니! 그것도 남자가!'라는 생각이 먼저 들었다고 했다. 나중에 우리는 이런 이야기를 나누면서 같이 웃었다. 마을 구경을 하면서 혹시 어디 예쁜 정원이 있을까 담장 너머로 힐끗힐끗 쳐다 보는 일을 계속 하다가 뭔가 홀린 듯 잠겨 있지 않은 대문을 열고 들어갔는데 옛 시골집 마당에서 본 듯한 정원이 눈앞에 펼쳐졌다. 작은 규모도 아닌데 마당 전체가 정원이었고 여기저기 선인장과 다육식물도 화분 거치대에 정리가 잘 되어 있어 작은 식물원에 들어선 느낌도 주었다. 구경을 하면서 이야기를 나누다 보니 얼마 전에 방문했던 개울가 항아리정원의 최동권 씨가 소개해 준다고 하던 바로 선인장 많은 그 집이었다. 주인도 이야기를 들었다고 하면서 뭐 대단히 볼 것도 없는 정원인데 이렇게 소개까지 받았다며 겸연쩍은 웃음을 지었다.

정원 주인은 강원도 사람으로 남편 직장 때문에 임천면으로 온 지 30여 년이 되었다. 그는 자랄 때도 그렇고 특별하게 식물을 기르고 정원을 가꾸는 일에 관심을 갖지 않았다. 빌라에 살 때는 마당도 없고 실내라 누구나 그러듯이 관엽식물이나 선인장 화분을 몇 개 기르는 정도였다. 그는 시간 여유가 있어 동네 맞벌이 부부의 아기들 여자아이 둘, 남자아

정원도시 부여의

마을 동산바치 이야기

이 하나을 9년 동안 돌봐 주는 일을 했는데, 아이들이 부모 찾아 다 떠나고 나니 너무 마음이 허전해 아이들이 보고 싶어 저녁마다 많이 울기도 했다. 마치 애지중지 기르던 '아기 식물'들이 없어진 느낌이었다고. 그는 허전한 마음도 달래고 뭔가에 집중할 필요가 있어 그때부터 식물을 기르기 시작했다. 재미있는 건 그때 기른 남자아이는 아직도 엄마라고 부르며 찾아오기도 하고 전화도 자주 한다는데, 정말 아이가 엄마로 생각하며 자란 게 아닌가 싶다.

위쪽 빌라에 살다가 이사 온 지 10년 되었는데 앞집 사는 할머니가 마당을 마음대로 사용하라고 허락해 주어 전체를 정원으로 꾸미게 되었다. 당시 할머니는 텃밭에 농사를 지으면서 감당할 여유가 없어 마당의 풀을 매지 못해 제초제를 사용하고 있었다. 마당에 자라는 풀을 매는 데 들어가는 노력을 꽃밭을 가꾸는 데 사용해 보자는 생각으로 정원을 일구기 시작했다. 마당에 돌이 많아 정리하면서 화단 경계를 만들고, 워낙 돌을 좋아해 주변에 있는 쓸 만하고 모양 좋은 돌을 마당으로 옮겨 왔다. 이렇게 모은 돌로 정원 장식도 하고, 화분 받침대로도 쓰고, 식물이 자라면서 기댈 수 있는 물건으로도 활용하고 있다. 무거운 돌은 조금씩 굴리면서 가져오기도 하고 외발수레나 이웃의 도움을 얻어 옮겼다.

처음에는 선인장을 기르고 주변에서 모종이나 씨앗을 받아 와 심었다. 가끔 장에 나가면 예쁜 꽃이 피는 식물을 사 오기도 했다. 그런데 이렇게 심은 식물들 틈새에서 청하지 않았지만 나타나는 아이들이 있었다. 신비하게도 주변에서 이런저런 씨앗이 날아와 여기저기에서 싹을 틔우고 꽃을 피운다. 이런 식물들은 매년 그 종류가 달라지지만 정원 식물들과 잘 어우러져 살아간다. 바람결에 몸을 실은 씨앗들이 어느 땅인들 마다할까마는, 때로는 새의 솜털 같은 낙하산을 타고 다니다가 기왕이면 예쁘게 봐 주고 돌보아 주기도 하는 이런 정원에 살포시 내려앉고 싶었을 것 같다.

  선인장은 특히 화려한 꽃의 느낌이 좋아 많이 길렀는데 야생화를 더 좋아하게 되면서 요즘은 점점 줄고 있다. 정원 주인이 특별히 좋아하는 식물은 계속 꽃이 피고 지는 자스민 종류, 일일초, 클레로덴드룸 *Clerodendrum* 종류, 멜람포디움 *Melampodium paludosum* 등이고 봄부터 가을까지 계속 꽃이 피는 수국도 좋아해 원예종인 별수국이나 장미수국 등 키우는 수국 종류도 많다. 외지에 나가 있는 자녀들이나 길러 준 아들이 화초를 보내 주기도 한다. 지금도 겨울에는 화분을 집안에 쌓아 놓고 지내는데 더 많아지면 머리에 이고 살아야 할 것 같아 식물이 늘어나는 걸 자제하고 있다.

  정원 때문에 군사리의 이웃들과도 친하게 지낸다. 한 동네에서 20년을 살면서도 잘 모르고 지내다가 정원과 식물을 매개로 그와 서로 마음이 통해 친한 사이가 된 사람들이 많다. 5년 전 본격적으로 정원에 집중하게 된 최동권 씨가 이 정원 주인이 정원을 예쁘게 잘 가꾼다는 소문을 듣고 친해지고 싶어 뭐라도 들고 자주 찾아왔는데, 그는 1년이 지나고 나서야 마음을 열고 친해질 수 있었다. 강원도 타지에서 온 사람이라 사람 사귀는 게 쉽지 않았는지도 모르겠다. 지금은 눈이 잘 안 보이는 최동권 씨 옆에서 가장 도움을 많이 주는 없어서는 안 될 언니가 되었다.

정원도시 부여의
마을 동산바치 이야기

정원도시 부여의

마을 동산바치 이야기

감자, 콩, 부추. 채소 이름이 아니라 이 집 반려동물 이름이다. 멍멍이는 전혀 길러 본 적도 없고 동물이라면 질색했는데 돌보던 '아기 식물'들이 부모를 찾아 떠나가면서 허전함을 달래기 위해 식물과 함께 기르기 시작했다. 처음에 기른 강아지 단지는 너무 커서 다른 집으로 보내고 딸이 어디서 입양해 온 페키니즈 종 '감자'와는 9년을 함께 살았다. 어머니가 돌아가시고 석 달 후에 감자도 저세상으로 갔는데 너무 슬피 우니까 남편이 어떻게 어머니 돌아가셨을 때보다도 더 슬프게 우냐고 핀잔을 주었다고 한다. 그는 강아지를 기르면서 짐승의 생명도 소중하다는 사실을 알게 되었고 유기견에도 관심을 갖게 되었다. 한 유기견이 빈 창고에 살고 있어 가끔 보일러실 앞에 먹을 걸 놓아 두곤 했는데, 새끼를 낳고 걷기 시작하자 어미가 새끼들을 집으로 데려오곤 했다. 이 개는 사람을 따르지는 않았지만 새끼들을 다독여 주고 만지는 거에는 크게 반응하지 않았단다. 결국 2년 정도 지난 후에는 이 개가 새끼들과 함께 집으로 들어와 받아들였고 지금까지 함께하고 있다. 얼마 전에도 새끼를 여섯 마리나 낳아 분양을 해 주었는데, 두 마리는 누군가의 손을 타 없어지는 사건이 생겨 매우 안타까워 했다. 강아지들이 화단을 망가뜨리고 화초에 소변을 봐 죽이기도 하지만 이 정원의 반려동물들은 정원에서 더불어 함께 살아가는 소중한 동반자다.

정원 주인은 여름에는 빨리 정원에 나가서 피어난 꽃을 보고 싶어 잠을 설치기도 한다. 일찍 정원에 나가면 앞집 할머니가 "쟤가 지 새끼들 보러 나왔네. 은지 엄마가 지나가면 길에 사는 풀들이 쟤가 지나가면 우리 머리끄댕이 언제 뽑아갈지 모르니까 머리 꼭 잡고 조심해야 한다고

정원도시 부여의
마을 동산바치 이야기

그래" 이런 농담까지 한다. "정원은 정말 나를 기쁘게 해 줘요. 내가 가꾸어 놓은 걸 보면 뭔가 뿌듯하고 좋은 게 잠도 안 와요. 생각지도 않은 새싹이 갑자기 올라오고 못 보던 꽃이 피면 그렇게 예쁘고 좋아요. 심장이 쿵 떨어지는 것 같아요."

식물하고 노니까 치매는 안 오겠구나, 생각을 하는데 자식들도 엄마가 정원을 가꾸니까 치매 걱정은 안 해도 된다고 좋아한단다. 그는 정원을 가꾸면서 사람을 만나거나 외출하는 일이 줄어들었다. 정원에서 놀고 식물을 돌보다 보면 시간이 어떻게 가는지 모를 만큼 하루가 빨리 지나간다. 시골에서는 아직도 정원을 보는 게 그리 흔하지는 않아 초기에 어떤 사람들은 파 한 뿌리라도 심지 무슨 정원을 만드냐고 빈정거리기도 했지만 정원에서 피어나는 꽃이 보기 좋으니까 이제는 오히려 사람들이 더 예쁘게 잘 기르라고 격려해 준다. "내 구십 평생 너 때문에 별 특이한 꽃을 다 본다"면서 앞집 할머니가 흐뭇해하는 걸 보면 그는 기분이 좋아지면서 뿌듯하다고 말한다. 정원은 만들고 가꾸는 사람의 즐거움을 넘어서 더한 감동을 이웃에게 전염시키는 곳이다.

마당에 자라는 풀을 매는 노력을 정원을 가꾸는 데 사용해 보자는 생각으로 시작한 정원이라 마당이 빈틈없이 식물로 가득 차 있다. 또 주인이 돌을 좋아해 돌을 화단 경계나 받침대로 사용한 모습을 여기저기에서 볼 수 있다.

정원도시 부여의

마을 동산바치 이야기

임천면 점2리
역티 도자기정원

나에게 정원은 생활이고
삶 그 자체입니다

정원도시 부여의
마을 동산바치 이야기

나에게 정원은 생활이고
삶 그 자체입니다

　　　　　　　　　　가끔 헌책방을 찾아다닌다. 헌책방에 가면 내가 책을 찾는 게 아니라 책이 나를 기다리고 있다는 느낌을 받곤 한다. 책방 주인도 어떤 책이 어디 있는지 잘 모르는 경우가 많아, 사실 원하는 책을 헌책방에서 찾기가 그리 쉽지는 않다. 하지만 어쩌다 평소 늘 읽고 싶고 가지고 싶었던 절판본이나 한정판 책이 갑자기 눈앞에 나타날 때가 있다. 숨은 보물을 찾았을 때 느끼는 그 환희는 뭐라 표현할 수가 없다. 로또에 당첨되어 횡재한 기분이 이렇지 않을까. 가끔 비밀정원도 내가 어렵게 찾지 않아도 마치 나를 기다렸다는 듯 나타나기도 한다. 점리 정원이 그랬다.

　　2020년 여름부터 가을까지 비밀정원을 찾기 위해 부여를 많이 돌아다녔다. 어느 날 여러 번 지나다닌 길임에도 불구하고 보이지 않던 정원이 갑자기 눈앞에 나타났다. 2020년 초겨울, 날씨도 추워져 꽃도 볼 수 없고 더 이상 찾을 정원, 아니 내 눈에 띄는 정원이 없다고 생각하며 그해 마지막으로 부여를 방문한 날이었다. 오른쪽으로 자그마한 연못이 보이면서 뒤로 보이는 집 주변에 정원이 보였다. 나는 무작정 들어가 주인을 찾았다. 마당에 무슨 공사를 하려는지 어수선한 모습이었지만 간이 온실도 보이고 화분도 많고 화단이 조성되어 있었다. 남편이 나오기에 정원 이야기를 꺼냈더니 자기는 시키는 대로 일만 하지 정원은 잘 모르고 부인이 하는 일인데 오늘 외출 중이라는 답이 돌아왔다. 온실이 있던 자리에 식당을 지으려고 온실을 철거했기 때문에 화분들을 집 앞 덱으로

옮겨 임시로 만든 비닐 온실에서 겨울을 나게 할 예정이라고 했다. 주변 야생화도 다른 쪽으로 옮겨 심고 나무도 옮기면서 정리가 안 되어 어수선한 분위기였다. "지금은 별로 볼 게 없어요. 온실 헐기 전까지는 마당 전부가 야생화로 뒤덮여 있었습니다." 이 길 앞으로 몇 번을 다녔는데 이 정원을 못 본 게 너무 아쉬웠다. 그래도 정원 이야기를 들어보고 싶어 다시 방문했다.

정원 주인은 특히 봄을 좋아한다. 여름처럼 무덥지 않아 정원에서 풀을 뽑고 관리하는 일을 쾌적하게 할 수 있으며, 새싹 하나 꽃송이 하나 올라오는 걸 보는 게 큰 희열이고 기쁨이라고 말한다. "정원은 눈 뜨면 보고 싶고 항상 마음속에 있어요. 어떤 날은 자려고 누워 있어도 창밖으로 정원이 아른거려 잠을 이루지 못해요. 다른 사람들에게는 아무것도 아닌 풀 같이 보일지 몰라도 너무 소중합니다. 나에게 정원은 생활이고 삶 그 자체입니다." 그는 10분만 여유가 생겨도 식물을 보는 게 생활이고, 워낙 어려서부터 식물을 좋아하고 정원과 함께했기 때문에 정원은 특별한 어떤 것이 아니라 그냥 삶의 일부라고 했다. "남편은 교육자 집안에서 자랐는데 정원 경험이 없어요. 저는 농사꾼 딸이라 자연 환경과 늘 접하며 자랐고 어릴 때부터 풀과 나무를 좋아했지요."

그 옛날 부여에서는 '뒤띠기'로 시집가는 게 소원이라는 처자들이 많았는데 정원 주인이 이 뒤띠기 부자마을 장암면이 고향이다. 그는 이미 어릴 때 집 마당에서 피어나는 모란꽃과 덩굴장미가 참 예쁘다는 생각을 했다고 한다. 중학생 때부터 교회 꽃꽂이를 시작하면서 식물에 관심을 가지고 동네를 다니면서 어떤 식물이 있는지 공부하면서 이름도 많이 외웠다. 그는 당시만 해도 활용할 수 있는 식물 종류가 많지 않고 흔하지도 않아 호박꽃이나 코스모스 같은 식물도 꽃꽂이에 활용했다. 시간이 나면 교회 화단에 채송화도 심고 새벽에도 교회 올라가는 계단에 식물을 심고 관리를 할 만큼 식물을 좋아하는 사람이었다.

　　부여읍에서 이곳으로 이사 온 지는 8년이 되었다. 피아노를 전공해 음악학원을 오래했고, 요리에도 관심이 많아 연밥과 연꽃차 전문점을 9년 동안 하다가 친구에게 물려주었다. 뭔가를 해야지 가만히 있는 성격이 아니라 다시 식당을 하려고 온실 자리에 새로 건물을 지으면서 땅을 정리했기 때문에 정원이 많이 줄어들고 망가졌다고 했다. 온실이 헐리기 전 정원 모습을 보여 주지 못해 안타깝다는 말도 덧붙였다. 온실에서는 직접 만든 화분에 다육식물도 키웠는데 너무 잘 번져 감당이 안 되어 판매를 하기도 했다. 남편이 처음에는 일부러 심은 아끼는 나무를 잘 몰라 그냥 베어 버린 일도 있었는데, 5년쯤 되어서는 자연을 알고 정원을 느끼면서 이제는 알아서 잘하는 전문가 수준이 되었다고 한다. "저는 자연인입니다." 중학생 때부터 채송화, 봉선화, 맨드라미 등이 자리한 소박한 정원을 좋아했고 지금도 너무 인위적으로 가꾼 정원에는 눈길이 안가고 자연스런 정원에 매력을 느낀단다. 그는 남편과 가끔 다툼을 하고 나면 내산면이나 외산면 산길로 드라이브를 하면서 자연풍경과 예쁜 나무를 보며 마음을 푼다. "가끔은 여기보다 더 산골로 들어갈 걸 하는 마음이 생기곤 해요."

　　엄청나게 많은 다육식물의 겨울나기를 위해 임시로 만든 간이온실에는 적정 온도를 유지할 수 있도록 가져다 놓은 전기난로 몇 개가 보이

정원 한편을 차지하고
있는 다양한 다육식물

자란

붉은인동

클레마티스

고, 내부 공기순환을 위해 선풍기도 돌아가고 있다. 마당 곳곳에는 정원에 쓰려고 주워 온 돌과 옛 기와가 쌓여 있었는데, 아직 박스를 풀어 보지 못한 것도 많다고 한다. "부모님은 시골에서 농사만 지었고 다른 형제들은 관심이 없는데 너만 이렇게 유별나다며 뭐라 하더니, 이제 형제들은 물론 만나는 사람들도 전염이 되었는지 1~2년이 지나고 보니 그들 집 베란다와 마당에도 꽃이 꽉 차는 걸 볼 수 있었습니다." 그는 어느 누구를 만나도 식물 이야기를 많이 하게 되고, 식물 좋아하는 사람들과 교류가 많아지면서 서로 경험을 공유하고 유익한 정보를 많이 얻는다.

정원 주인은 도자기 만드는 일도 한다. 벌써 15년째 하고 있는데, 가스 가마는 물론 전통 가마도 설치되어 있다. 도예는 늘 하고 싶었는데 배울 곳도 마땅치 않아 미루다가, 피아노 학원을 하면서 오전에 남는 시간을 활용해 대전으로 배우러 다니기 시작했다. 정원에 있는 화분의 70~80퍼센트가 모두 직접 만든 도자기들이다. 내가 좋아하는 식물을 세상에 단 하나 밖에 없는, 그 식물과 가장 잘 어울리는 화분에 키우는 것을 큰 기쁨이자 행복으로 여긴다. 욕심과 열정 때문인지 아직까지도 맘에 딱 드는 도자기는 나오지 않았다고 한다. 식당에도 컵을 비롯해 모든 그릇이 수제 도자기다. 세상에서 유일하게 단 하나만 존재하는 그릇으로 대접 받으며 식사하는 색다른 기분은 쉽게 어디서나 경험할 수 없는 이곳만의 장점이다.

"오늘 이만큼, 내일은 저만큼 풀도 뽑고 돌보다 보면 1주일이 순식간에 지나갑니다. 날마다 반복되는 일이지만 새싹이 올라오거나 꽃이 피는 걸 볼 수 있어 정원에서 날이면 날마다 행복해집니다." 그는 지상에는 줄기가 없고 뿌리에서 직접 줄기가 올라와 하얀색 꽃이 피는 은배초 *Nierembergia rivularis*에 반해 야생화를 키우기 시작했다. 불가마에서 직접 구워 만든 검정색 도자기 화분에 하얀 꽃을 피우는 은배초가 너무 예쁘게 어울렸다. 꽃이 잔을 닮아 은잔화로도 불리는 이 지피식물을 아파트에서 키우다가 흙이 있는 마당에서 기르고 싶어 이곳으로 이사 오게 되었다. 초봄에 향기별꽃히어유을 시작으로 노루귀와 바람꽃 등 100여 종이 넘는 야생화가 늦가을까지 마당을 장식하며 즐거움을 준다. 실패도 많이 해서 대전, 천안, 서천 등 주변의 야생화 전문점으로 늘 식물을 구입하러 다니기도 했다.

　최근에는 수국이 좋아지기 시작해 100여 주를 삽목해 마당에 옮겨 심었다. 잔잔하고 소박한 꽃을 좋아하지만 식당을 방문하는 분들에게 뭔가 보여 줄 게 있어야 할 것 같아 수국동산을 만들게 되었다고. 어느 날 조금 늦은 시간에 정원 주인의 식당을 방문해 콩국수를 주문했는데 그날 준비한 재료가 거의 떨어져 한 그릇을 만들기에 콩국물이 조금 부족했던 모양이다. 맛있게 먹었는 데도 "이건 내 작품이 아니라 돈을 받을 수 없어요" 하면서 다음에 진짜 콩국수 맛을 보여 주겠다고 했다. 콩국수조차도 완벽하게 본인이 생각하는 재료와 맛이 나와야 직성이 풀리는 열정 가득한 전문가의 자부심을 느낄 수 있었다. '새로움으로 늘 채우고 싶다.' 그의 카톡 프로필에 적힌 문장이다. 피아노, 도자기, 정원 가꾸기, 음식 만들기 어느 것 하나 소홀함이 없고 부지런한 이 만능 재주꾼이 앞으로 또 무엇을 하게 될지 궁금하고 기대가 된다.

정원에 있는 화분은 거의 모두가 정원 주인이 만든 도자기다. 내가 좋아하는 식물을 세상에 단 하나 밖에 없는 화분에 키우는 일이 그에게는 기쁨이자 행복이고 작은 자랑거리다.

정원도시 부여의
마을 동산바치 이야기

임천면 칠산1리
원칠산 떡방앗간 카페
논모퉁이정원

정원은
쉼이라고 생각해요

정원도시 부여의

마을 동산바치 이야기

정원은
쉼이라고 생각해요

　　　　　　　오래된 정미소를 소개받고 찾아 갔는데, 정작 알려 준 장소에 도착해 보니 정미소가 아니고 떡집 카페로 운영되고 있는 방앗간이었다. 찾던 정미소가 아니라 잠시 실망했지만 논 한 귀퉁이에 익어 가는 누런 벼를 배경으로 자리 잡고 있는 자그마한 정원이 눈에 들어왔다. 배경으로 넓게 펼쳐지는 논과 작은 정원의 조화는 도시에서는 당연히 보기 어렵고 시골에서도 그리 흔하게 볼 수 있는 풍경은 아니었다. 칠산리는 일곱 개의 산이 있는 마을이라는 뜻에서 유래한 이름이다. 카페 바로 앞에 있는 논을 배경으로 일곱 개 산 중 하나인 아담한 장지메가 서 있다.

　　차도 한 잔 마시고 쉴 겸 카페 안으로 들어갔다. 목재와 양철 두 가지 재료만으로 만들어진 단순한 공간에서 창으로 보이는 산과 논과 정원이 액자 속의 그림처럼 멋진 풍경을 연출하고 있었다. 둘 다 디자인을 전공한 젊은 부부는 이곳으로 귀촌해 남자는 목수로 여자는 떡과 차를 만들며 시골 생활을 즐기고 있다. 처음에는 방앗간으로 시작했지만 이제는 카페로 더 알려져 있다. 매일 새벽부터 일어나 떡을 준비해야 하는 힘든 일상이지만 부여에서도 특히 아름답다는 칠산리 노을을 볼 때마다 풍경의 경이로움에 피곤함을 잊고 자연을 향한 고마운 마음으로 다음 날을 기다리며 준비한다고 말한다. 디자인 전공자라 그런지 풍경을 대하는 마음이 남 다르다. 전체적인 방앗간 개조는 물론 실내 인테리어와 가구까지도 목수 남편이 직접 챙기고 만들어 구석구석 섬세하게 스민

정원도시 부여의

마을 동산바치 이야기

창으로 바라다보이는 논과 꽃밭 풍경
이 액자 속 그림처럼 멋지다.

정성과 아름다움을 느낄 수 있었다.

　　도시의 포장된 바닥이 아니라 흙을 마음대로 밟고 다니고 싶다는 생각이 부부가 귀촌을 결심하게 된 하나의 동기였다. 하지만 부여에서 흙길을 밟고 다닐 만한 곳은 논둑길이나 궁남지, 부소산성 등 일부를 제외하고는 별로 없다. 사실 부여는 웬만한 서울 골목길보다도 포장이 더 잘 되어 있다. 시골생활을 결정하고 적응하기까지 여러 가지로 어려움도 많았고, 처음에는 식물 하나 보살피고 즐길만한 여유도 없는 삭막한 생활이었다. 두 사람은 어느 날 부근 도시로 오랜만에 외식을 하기 위해 피자를 먹으러 나갔다. 마침 라디오에서 좋아하는 클래식음악이 흘러나오는데 부인의 눈에서 갑자기 주체하지 못할 정도로 눈물이 쏟아져 같이 있던 남편이 당황할 정도였다고 한다. 도시에서 익숙하게 듣던 음악이 들리자 힘들게 결정한 귀촌, 처음 해 보는 방앗간 일, 가끔 생각나는 도시의 화려함 등 여러 생각이 한꺼번에 몰려온 것이다.

　　부부는 카페가 자리 잡으면서 자연스럽게 흙과 식물에 관심을 가지고 식물을 가꾸기 시작했다. 집 앞은 모두 포장도로이고 당시 상황에서 허락되는 장소는 카페 앞 논 한 모퉁이 자투리땅이었다. 짐들도 쌓여 있고 관리도 안 되는 버려진 땅에 처음에는 쑥을 심었다. 그렇게 흙과 함께하는 소망하던 시골생활이 시작되었다. 다음 해에는 구하기 쉬운 '시골스러운' 식물인 채송화, 봉선화, 백일홍, 맨드라미 등을 심으면서 사계절을 두 번 보냈다. 그제야 식물에 관해 조금 알게 되었고 앞으로 어떻게 정원을 만들어 가야할지 나름대로 계획도 세울 수 있었다. 자투리 시간에 정원을 돌보니 정원이 늘 무질서하고 풀도 무성해져 '이게 뭐야'

부여에서 볼 수 있는 특별하게 아름다운 풍경인 칠산리의 노을이 정원 뒤로 펼쳐지고 있다. ⓒ윤정인

하는 마음도 들었지만 한편으로는 자연스러운 풍경이 만들어지는 것 같아 좋았다고 한다. 두 사람은 좋아하는 화가 클림트의 '꽃이 있는 농장정원'을 보는 것 같다며 정원을 보고 흐뭇해 하기도 한다. 가끔 손님들이 논을 배경으로 너무 자연스럽고 예쁘게 어울리는 풍경이라고 칭찬을 하는 걸 보면 사람들이 같은 마음으로 정원을 바라보고 있다는 게 느껴진다고. 아름다움은 억지로 얻어지거나 만들어지지 않는다. 마음에 와 닿아야 다가갈 수 있고 볼 수 있게 된다.

하얀 고양이가 꽃이 핀 수국 밑에 누워 휴식을 즐기다 나비를 잡으려고 이리 뛰고 저리 뛰는 모습이 그림동화 같아 좋다고 하는 손님도 있었다. 두 사람은 정원에 애정이 생기고 식물의 매력에 시나브로 빠져들면서 일을 마치고 피곤하지만 밤에 유튜브를 보며 열심히 식물공부를 하고 있다. "정원은 쉼이라고 생각해요." 한 글자로 정원을 정의하며 온몸이 땀에 젖을 정도로 힘든 노동이 오히려 스트레스를 없애 주고 힐링이 된다고 말한다. 원래도 코끝에 느껴지는 차가운 듯한 바람이 좋아 가을을 좋아하지만 서리 내리는 초겨울까지도 누가 돌보지 않아도 강인하게 울긋불긋 피어 있는 소박한 백일홍을 보면서 가을의 정원이 더 좋아졌다고 한다. "화분 몇 개만 있는 미니정원이라도 일단 갖게 되면 녹색 식물 때문에 삶의 질이 달라진다는 걸 누구나 느끼게 될 겁니다."

정원 분야의 명저로 꼽히는 체코 출신 유명 작가 카렐 차페크의 《정원가의 열두 달》에 실려 있는 글이 생각난다. "인간은 손바닥만 한 정원이라도 가져야 한다. 우리가 무엇을 딛고 있는지 알기 위해서는 작은 화단 하나는 가꾸며 살아야 한다."

1

함께 둘러 보면 좋아요 / 부여의 정미소

부여는 충청남도의 대표적인 쌀 생산지다. 부여 제일의 곡창지대인 구룡평야는 우리나라에서 처음으로 천수답에서 벗어나 전천후 농업이 시작된 곳 중 하나로 알려져 있다. 1960년대까지는 매년 백마강 주변이 범람했지만 제방을 쌓고 물길을 정비하면서 곡창지대로 변했다. 반산저수지, 옥산저수지 등 네 곳의 대규모 저수지와 곳곳의 소류지들이 논농사의 가장 중요한 물관리 문제를 해결했다. 곡창지대인 만큼 부여에는 많은 정미소가 있었고, 현재까지도 마을 곳곳에 유적처럼 남아 있다. 정미가 이루어지는 곳도 있고 운영이 정지되고 건물과 시설만 남아 있기도 하다. 쌀문화 지역에서 도정은 생명만큼 중요한 과정이다. 소규모 자가 정미기가 보급되고 공장 규모의 대형종합미곡처리장이 등장하면서 정미소가 쇠퇴하기 시작했다. 전반적인 농촌 구조의 변화도 정미소가 사라진 이유이기도 하다. 정미소는 넓은 공간을 필요로 하기 때문에 목구조 트러스, 흙벽과 함석외장재로 매우 단순하지만 기능에 매우 충실하게 지은 건물로 우리만의 독특한 문화다. 석성면 십자사거리에 남아 있는 정부미도정공장은 1951년 논산에 육군훈련소가 문을 열면서 훈련병을 위한 벼를 도정하던 곳이다. 역사적인 사실과 함께 현재 전국에 남아 있는 정미소 중 규모가 제일 크고 이름 자체도 도정공장이라 의미도 남다르다. 쌀문화의 상징인 정미소는 농촌의 너른 들판에서 21세기형 랜드마크로도 조형적으로 매우 훌륭하다. 과거 전성기에 정미소는 마을공동체의 중심이고 활력소였다. 더 이상 흉물이나 폐허로 방치하지 말고 농촌에서 마을공동체의 문화·교육적인 중심공간으로 거듭나기를 기대한다.

1 석성면 증산리 십자사거리 도정공장
2 충화면 지석리
3 세도면 귀덕리

부여의
정미소

4 임천면 점리
5 초촌면 추양리
6 석성면 증산리 십자사거리 도정공장
7 임천면 가신리

부여의
정미소

장암면 정암2리
맞바위
솟대정원

장승과 솟대,
정원이 반겨 주는 마을 사랑방

정원도시 부여의

마을 동산바치 이야기

장승과 솟대,
정원이 반겨 주는 마을 사랑방

　　　　　　　　　　강둑과 논 사이에 난 별 특징 없는 길을 계속 가다 보면 갑자기 장승과 솟대가 서 있는 집 입구가 보인다. 정원 주인은 이 집에 이사 온 지 10년이 되었다. 그는 전기공학을 전공하고 직장에서 전기 관련 일과 건물 관리하는 일을 하면서 자연스럽게 나무를 기르고 정원을 가꾸는 일도 하게 되었다. 그렇게 정원 일을 35년쯤 하다 보니 나무에 관해서도 좀 알게 되고 정원 일의 윤곽이 대충 보였다고 한다.

　서울에서 일을 하던 그는 퇴직하고 시골에 내려오게 되었다. 충남 연기군 현 세종시이 고향인 남편이 평소에 원하던 걸 들어주고 싶었기 때문이다. 남편에게 미안한 게 있었는데 조금이라도 갚고 싶은 심정이었다고 할까. 부인은 남편에게 시골에 가서 나무 많이 심으면서 눈이라도 밝게 하고 살자고 했다. 서울에서는 단독주택에 살며 상추나 오이 등을 옥상에 심어 따 먹으며 지내긴 했지만 서울살이가 늘 집에서 직장, 직장에서 집으로 지루하게 반복되는 생활이라 여기서 벗어나고 싶었다고 한다. 부부는 퇴직하기 15년 전부터 강원도부터 전라남도까지 전국을 다니면서 귀촌할 집을 구하러 다녔다. 산기슭에 있는 이 한가하고 아름다운 터를 어떻게 구했느냐고 물었다. 부여로 이사 오기 5년 전 부여에서 부동산을 하고 있던 아버지 친구의 연락이 계기가 되었다. 집이 났다고 해서 가 보니 대추나무만 홀로 서 있고 토끼가 막 뛰어다니는 곳이었다고. 약 8300 제곱미터 규모고 주변이 논과 산이라 눈에 걸리는 거 없이 편안한 분위기가 마음에 딱 들었다고 한다.

　　시골에 내려와 소일거리 삼아 콩, 고추, 상추 등을 심고 기르며 지내니 스트레스도 줄어들고 걱정거리가 없어졌다. 도회지처럼 돈이 많이 필요하지도 않고, 장날 가서 1주일 동안 먹을 것을 사 놓으면 돈 쓸 일도 없었다. 그러던 차에 그는 생각지도 않은 계기로 양봉에 재미를 붙이게 되었다. 정착하고 2년쯤 되었을 때 양봉을 하는 지인이 사람이 필요하다고 해서 부인이 정밀채밀을 돕게 되었다. 겨울에는 꿀벌에게 양식으로 설탕을 주는데, 벌들이 봄에 제일 먼저 피는 벚꽃에서 천연 꿀을 구하기 전에 설탕물을 점진적으로 빼 주는 과정이 정밀채밀이다. 일당을 돈이 아니라 꿀로 주었는데, 정원 주인은 나는 꿀이 필요하지 않으니 벌집 한 통을 달라고 했다. 남편은 부인에게 양봉 일은 나에게 도와 달라고 하지 마라, 각자 하고 싶은 일만 하자, 돈도 각자 한도 내에서 쓰자고 했다.

　　하루는 아는 사람의 농사를 도와주고 와 보니 말벌이 일벌을 모두 죽여 결국 벌집 두 통을 새로 사 왔다. 사람들이 양봉의 핵심을 가르쳐 주지 않아서 남편에게 도움을 청할 수밖에 없었고 점점 벌이 많아졌다. 부인은 이 일에 재미를 느껴 열다섯 통을 추가로 샀다. 벌 키우는 사람마다 양봉 방법이 틀려서 여기저기에서 배운 여러 방법을 종합해서 키운다. 지금은 180통이나 키우는데 시작한 지 8년 만의 성과다. 벌통 하나에 약 4만 마리의 일벌이 있다고 하니 엄청난 수의 벌을 기르고 있는 셈이다.

　　보통 일벌은 일을 하면 20일, 일을 안 하면 70일 정도 생존한다. 양봉을 시작한 지 2년이 되면서 자급자족이 가능해졌고, 그 이후에는 지

정원도시 부여의
마을 동산바치 이야기

강둑과 논 사이에 난 별 특징 없는 길을 가다 보면 갑자기 장승과 솟대가 서 있는 집이 나타난다.

인에게 팔 수 있게 되었다. 아카시아꿀, 잡꿀, 밤꿀 순으로 꿀 종류마다 평균 두 번 정도 생산된다. 비가 오거나 하면 벌들이 일하지 못해서 손해가 난다. 재미로 시작했지만 욕심이 생겼고 수익이 나니까 농사보다 훨씬 나았다고 한다. 물론 재료비는 들지만 50통만 길러도 1년 동안 실컷 먹고 살 수 있다고. 시베리아에서도 벌이 자라니까 관리만 잘하면 월동도 문제없고 벌이 직선거리로 9킬로미터까지 멀리 날아가니 바로 주변에 꽃이 없어도 할 수 있다.

지인의 양봉농가에서 정밀채밀 일당으로 꿀 대신 벌집 한 통을 받아오다니 지혜롭다고 말했더니, 당시 집안에 어려운 일이 있어 부부가 달리 관심을 쏟을 데가 필요했다는 답이 돌아왔다. 사실 벌이 꼬물꼬물 움직이니 어린아이 젖 주며 키우듯이 아침에 일어나면 한 바퀴 돌며 상태를 확인해야 하는 등 손이 많이 가는 일이었다. 이제는 양봉이 제법 큰 규모의 농사가 되었고 보조도 받는다. 며칠은 집을 비워도 괜찮지만 미리 관리를 잘해야 한다.

입구로부터 양봉 터, 텃밭, 하우스 같은 넓은 농지를 지나면 경사지에 3단으로 구성된 정원이 펼쳐진다. 아래는 마당, 둘째 단은 집, 가장 위에는 황토방이 있다. 이 황토방은 남편이 비자금을 숨겨 놓은 게 들통이 나서 그 돈으로 만들었다는 재미있는 사연이 있다. 정원은 석축 쌓을 때부터 계획하고 구상했다. 부부가 나무를 좋아해 처음부터 집 형태를 보며 취향대로 나무를 많이 심다 보니 자연스럽게 정원이 되었다. 크고 작은 나무의 크기를 계산했고 과실이 열리는 나무도 다양하게 심었는데, 자라기까지 시간이 걸린다. 나무는 혼자 서 있어도, 둘이나 여럿이 서 있

정원도시 부여의
마을 동산바치 이야기

어도, 중간에 다른 나무가 끼어 있어도 모두 매력이 있고 다른 느낌을 주며 어우러진다. 나무 형태를 조금 다듬어 주어도 또 다른 모습을 보여 준다. 예쁜 꽃을 피우는 풀에 관한 공부도 해서 이 집 정원에는 봄부터 가을까지 여기저기 꽃이 피어난다. 우리 집에 없는 식물을 보면 어디 가서 무슨 수를 써서라도 얻어 오는데, 정원이 있는 사람치고 안 된다고 하는 사람은 없단다. 진짜 귀하고 아깝다고 생각하는 식물이 아니면 사람들은 웬만하면 다 나누어 준다.

그는 부부가 같이 식물을 심고 키우는 재미가 쏠쏠하다고 말한다. 남편은 거름을 잘 주어야 꽃도 크고 향기도 진해지는 백합과 식물을 좋아하고, 부인은 은은한 향기가 매력적인 가을까지 피는 인동덩굴을 좋아한다. "정원은 그냥 좋아요. 하고 싶으니까 가꾸는 거죠. 정원은 사람을 치유해요." 두 사람이 입을 맞춘 듯이 이야기한다. "크고 근사한 국가 정원도 좋지만 주변 산도 그냥 자연정원 아닌가요? 남과 비교하지 않고, 무리하지 않고 할 수 있는 만큼, 능력이 되는 범위 내에서 정원을 만들어 나가고 싶어요. 꼭 뭔가를 만들어야겠다는 느낌보다 이 식물 저 식물 가꾸는 게 좋다 보니 자연스럽게 만들어지는 그런 정원을 꿈꿉니다. 보기 싫은 식물이 어디 있어요. 미운 나무 못생긴 나무는 없어요."

포도 하우스 앞을 지날 때 부인이 좋아해 포도를 심었다며 정원 주인이 여러 송이를 우리 손에 가득 담아 주었다. 알이 작고 투명한 붉은 품종으로 맛이 새콤달콤했다. 강원도가 고향인 부인과는 서울에서 일하다 만나 결혼했다는데, 부부의 정이 시골살이 10년을 누리며 더 각별해진 것 같다. 나무를 입구에 죽 심어 놓았더니 이 나무를 대문이나 담처럼 느

정원도시 부여의
마을 동산바치 이야기

나무를 좋아해 초기 석축 쌓을 때부터
집 형태를 보며 취향대로 나무를 많이
심다 보니 자연스레 정원이 되었다.

붉은인동

정원도시 부여의

마을 동산바치 이야기

끼는 사람들도 있었고, 텃밭이 아니라 정원을 만들어 놓아서 보기는 좋지만 동네 사람들의 눈에는 익숙하지가 않아 부담스러워 하는 이들도 있었다. 이 집은 청와대 들어가는 것 같다고 말하는 사람도 있었다고 한다. 부부의 마음은 그렇지 않았는데 말이다. 이런 이질감을 친밀감으로 바꾸어 놓는 계기가 생겼는데, 바로 장승과 솟대다.

하루는 남편이 산에 땔감을 구하러 갔는데, 모양이 특별해 땔감으로 쓰기는 아까운 것들이 있어 장승과 솟대를 만들자고 이장님에게 건의를 했다. 겨울에는 할 일이 없으니 20여 명이 마당에 모여서 장승을 만들었다. 누구에게는 나무껍질을 벗겨라, 누구에게는 사포질을 해 달라, 톱으로 장승 몸을 만들어라, 먹을 갈고 눈에 색칠을 해 달라, 일거리를 나누어 주었다. 이렇게 마당에 모여 함께 작업을 하니 무척 재미도 있었다고 한다. 마침내 정암2리에 장승 여덟 개가 세워졌을 때 두 부부는 물론 참여했던 마을 사람들이 모두 뿌듯해하면서 기분 좋아했다. 솟대도 마찬가지로 머리 담당, 몸통 담당을 나누어 만들었고 모두 즐겁게 만드는 과정에 참여했다. 마을 사람들의 마음이 하나로 모아져 만들어진 장승과 솟대는 지나가는 이들도 즐겁게 해 준다. 이 장승과 솟대를 보기 위해 잠시 차를 세우기도 하고, 앞에서 사진도 많이 찍는다. 마을 여기저기에 세워진 솟대가 오가는 사람을 반기는 명물이 되었다.

정원 한쪽으로 노래방이기도 하고 카페이기도 한 공간이 자리 잡고 있다. 이제는 보기 힘든 LP 레코드와 턴테이블이 있는 아날로그 시스템이 돋보인다. 남편은 중학교 때 노래를 잘해 음악 선생님도 성악을 권하고 본인도 성악가가 되기를 희망했다. 지금도 고향 학교 친구들이 오면 아직도 노래 한 번 불러 보라고 하는데, 부인은 '나는 잘하는지 모르겠다'며 웃는다. 하지만 그의 바리톤 목소리는 여전히 매력적이다. 당시 시골에서 쉽지 않은 일이라 꿈을 이루지 못했지만 남편은 음악을 좋아해 마당에서 누구 눈치 보지 않고 마음껏 크게 음악을 듣고 노래도 부른다. "백 살을 먹어도 마음은 똑같아요." 그는 아직도 성악가의 꿈을 꾸고 있는 만년 소년이다.

부부는 동네 노인정 멤버 중 가장 젊은 사람이자 스타이기도 하다. 노인정은 거의 여자들이 오가기 때문에 처음에 남편은 마을 사람들과 친해지기 위해 어머니 나이의 어르신도 '누님'으로 부르면서 가까이 다가갔다. 처음 만나는 사람도 어색하지 않게 만드는 남편의 유머감각과 붙임성 좋은 성격은 타고난 것 같다. "시골에서는 노인들이 대화를 나눌 사람이 많지 않아요. 그래도 노인정에 가면 늘 몇 분이 있어서 어르신들과 이야기를 하는데, 언제나 배우는 게 더 많습니다. 젊은이는 이득을 생각하지만 어르신들은 계산이 없어 그런지 뭔가 마음이 푸근해집니다. 정말 사람의 마음이 느껴져요. 이 세상에 나만큼 행복한 사람은 없어요. 여덟 명의 애인할머니들을 둔 사람이 어디 있나요?" 이렇게 애인들을 즐겁게 해 주니 말이 끝나기가 무섭게 노인정에서 전화가 왔다. 백숙을 해 놓았으니 어서 오라고.

정원도시 부여의

마을 동산바치 이야기

> 함께 둘러 보면
> 좋아요

금천金川과 구룡평야

옥산면 상기리 차령산맥 끝자락에서 발원해 옥산저수지로 흘러든 후, 구룡평야를 동서로 가로질러 장암면에서 백마강으로 합쳐지는 부여의 중요한 하천이 금천이다. 구룡평야는 규암평야로도 불리는데 규암면, 구룡면, 홍산면, 옥산면, 남면, 장암면 등 여섯 개 면에 걸쳐 있는 부여 최대 곡창지대다. 일제강점기까지만 해도 구룡평야에는 기러기 떼만 날고 있었다고 할 정도로 갈대만 무성한 늪지대 배후습지였다고 한다. 부여 사람임을 자랑스럽게 여기는 책《윤재환의 신부여팔경》을 보면 1920년대부터 전해지는 부여팔경夫餘八景 이야기가 나온다. 이 부여팔경 중 다섯째 경景이 구룡평야에 기러기 떼가 느릿느릿 내려앉는 구룡평낙안九龍平落雁이다. 1960년대 이후 금천을 따라 제방을 쌓고 물길을 잘 조절해 금천 주변은 부여 최고의 농업지역으로 변했다. 제방 위에서 보는 금천 풍경은 끝없이 펼쳐지는 논과 비닐하우스가 풍요로움과 함께 편안함을 느끼게 한다. 낮은 산들이 사방으로 에워싸고 있는 구룡평야는 그 안에 하늘이 담겨 있는 듯하다. 금천 양편 제방

길은 산책하기 좋은 곳으로, 들의 풍경은 물론 중간중간 금천이 흐르면서 만들어 낸 습지의 다양한 모습도 보는 재미가 있다. 석양과 어우러지기라도 하면 환상적인 풍경이 펼쳐진다.

1 금천
2 금천 양편 제방 길을 산책하다 보면 중간중간에 습지의 모습도 볼 수 있다.
3 나지막한 산으로 둘러싸인 구룡평야는 하늘을 담고 있는 거대한 그릇이다. ⓒ부여군청

금천과
구룡평야

장암면 정암2리
맞바위
희망마을 언덕 위 정원

내 시간과 노동에
아름다움으로 보답합니다

정원도시 부여의
마을 동산바치 이야기

내 시간과 노동에
아름다움으로 보답합니다

"뒤띠기 한번 못살아 본 내 팔자!"
부여 사람들은 연세 지긋한 분이 한숨을 쉬며 이런 말을 하는 걸 들어 본 적이 있을 것이다. '뒤띠기'란 바로 부여 사투리로 부자마을 장암場巖을 말한다. 장암은 백마강변백마강은 금강 본류의 일부로, 백제 사비시대 왕도 부여를 규암면 천정대부터 세도면 반조원리까지 휘감으며 흐르는 16킬로미터 구간을 부르는 명칭이다에 이름처럼 마당같이 넓은 바위 '맞바위'가 놓여 있는 나루터가 있는 곳으로 옛날부터 부촌이었다. 남쪽으로 흐르는 금강과 서쪽의 금천이 만나 물이 풍부하고 산과 들이 어우러진, 옛날부터 부여의 곡창지대이자 아름다운 풍경을 자랑하는 곳이었다.

비밀정원은 이 나루터와 가까운 곳에 자리하고 있다. 나지막한 산허리에 조성한 작은 정원이 있는 집터는 앞이 탁 트여 있어 저 멀리 들판과 빛이 하얗게 부서지는 백마강을 볼 수 있다. 집 입구에는 가원재街園齋, 길가의 공원 같은 집라는 글씨가 곱게 새겨진 서각이 보이는데 알고 보니 부인의 작품이다. 2단으로 조성한 경사지 위에는 손수 지은 목조주택, 아래에는 작은 공방과 마당, 연못이 있다. 뜰을 감싸 안은 야트막한 돌축대는 진분홍색 꽃이 핀 꽃잔디로 덮여 있고, 그 위에는 가족을 모델로 손수 만든 채색 테라코타가 방문객을 반긴다. 부인은 인천의 한 아파트에 살 때 도예를 배워서 화분 주변에 도자기 작품을 배치해 놓곤 했는데, 주로 목가적인 시골 풍경을 표현한 작품들이었다. 지금은 마당과 연못 주변에 집, 인형, 동물 도자기가 어우러져 햇빛과 바람을 맞고 있다.

정원도시 부여의
마을 동산바치 이야기

정원 주인이 손수 만든 도자기 작품이
정원 곳곳에서 사람들을 반긴다.

　　작업실에는 마을 풍경을 배경으로 동네 아이들을 담은 작품도 보이고 다양한 생활자기와 화분도 있다. 정원 주인은 마을 아이들을 모델로 만든 채색 테라코타를 아이들에게 선물했고, 틈틈이 원하는 사람들을 위한 도자기 수업도 한다. 보통 도자기는 모양을 만든 후에 이웃 가마에 가서 구워 온다. 안료로 그림을 그려 넣은 테라코타 등 이 정원에 있는 물건들은 정원 주인이 배운 것을 적용한 작품이다. 공방 창가에는 귀여운 자수 커튼이 드리워져 있는데, 정원 주인은 퀼트, 수채화, 서각도 하는 등 손으로 무언가 만드는 걸 무척 좋아한다. 집 안에도 부인이 손수 만든 작품들이 장식되어 있는데, 보통 솜씨가 아니다. 취미라 할지라도 매우 정성과 노력을 기울이는 사람임을 알 수 있다.

　　정원 주인은 어릴 때 서울 단독주택에 살았는데 콘크리트로 포장된 작은 마당이지만 부모님이 식물을 좋아해 마당에 군자란이나 관목류 화분이 항상 있었다고 한다. 화초뿐만 아니라 병아리나 다람쥐, 새를 기르는 걸 보고 자랐기 때문에, 살아 있는 생명체를 누구보다도 귀히 여길 줄 안다. 그는 결혼을 하고 집 꾸미는 일에 관심이 가면서 화분을 하나둘 들였고, 아파트에 살 때는 그렇게 늘어난 화분들이 모여 화단이 되었다. 이렇게 점차 자연스럽게 정원에 관심이 생겨 났다.

　　부인은 건강이 좋지 않아 인천에 있는 병원에도 정기적으로 다녀야 해서 시골에 사는 것을 망설였다. 하지만 아파트 실내는 활동 범위가 넓지 못하고, 화분이 아닌 흙에서 식물을 기르고 싶어 결국 마당 있는 시골집을 구해 내려오게 되었다. 아파트 화분에서 자라는 식물은 아무리 주변 조건이 좋아도 한계가 있는데, 마당의 땅에서 자라는 식물은 화

정원도시 부여의
마을 동산바치 이야기

학 영양제가 아닌 자연과 땅의 기운으로 자란다는 걸 확실하게 느낄 수 있다고 한다. 아름다운 터에서 햇살과 맑은 바람을 쐬며 좋아하는 정원도 가꾸어 그런지 오랜만에 만나는 주변 사람들로부터 안색도 좋아지고 건강해 보인다는 말을 자주 듣는다며 웃는다.

정원 주인은 특히 봄을 좋아하는데, 땅이 죽은 듯 긴 겨울잠을 자고 난 후 파릇파릇한 새싹을 밀어 올리는 걸 보면 늘 경이롭다고 생각한다. 그는 봄부터 서리 내릴 때까지도 꽃을 볼 수 있는 찔레꽃을 좋아한다. 잔잔한 느낌의 식물을 좋아해 큰 나무보다는 작은 나무나 야생화를 많이 심었다. 풀이 마당을 점령하면 화초를 키우기가 어렵기 때문에 크지 않은 정원임에도 불구하고 새벽 6시에 나와 풀을 뽑는다. 물론 그래도 뽑은 표가 잘 안 난다. 화초는 정성을 쏟은 만큼 보답한다. 정성 들여 기르다 보면 처음에는 티가 하나도 안 나는 것 같지만 시간이 지나면서 아름다운 모습으로 노동에 보답을 해 준다. "노동과 물이 아깝지 않아요. 시들어 가는 식물에 물만 줘도 다시 살아납니다. 시골에 와서 보니 자연 속에서 누리는 기쁨이 도시의 베란다 화분 기를 때와는 비교할 수가 없어요. 바람에 씨가 날아와서, 또 새가 씨앗을 물어 와서 이런저런 풀이 나는 걸 보면서 그냥 얻을 수 있는 것은 없다는 사실도 알게 되었지요. 남편도 지방으로 일하러 가고 사람 만나기 어려울 때는 식물과 이야기해요."

"정원은 또 다른 나의 삶입니다. 새싹이 올라오는 걸 바라보면 치유되는 느낌이고 아픈 가운데서도 새로운 희망을 갖게 됩니다." 심장이 안 좋아 최근에도 수술을 한 부인은 자연이 가지고 있는 치유 능력의 소중함을 누구보다도 절실하게 체험하고 있다. 이 때문인지 부인은 정원은 '생명'이라고 여긴다. 조금이라도 소홀히 하면 식물이 죽기 때문에 풀도 뽑아 주어야 하고 필요하면 영양제도 공급해 줘야 하는 등 살뜰하게 보살펴야 한다. 그러다가 꽃이 피고 열매가 맺히면 놀랍고 재미있고 행복해진다. 남편과 함께 정원을 가꾸는데, 처음에는 요즘 화분이 더 많아졌나 정도로만 눈치를 채던 사람이 지금은 정원 식물을 하나하나 예사로 보지 않게 되면서 사 온 화분을 같이 심으며 전에 없이 함께 즐기면서 부인보다 정원을 더 사랑하게 되었다고 한다. 이사 온 지 4년쯤 되니 이제는 마당에 더 이상 식물을 심을 곳이 없어졌다. 그래서 앞으로 부부는 있는 식물들을 잘 관리하는데 집중하려 한다. 봄이면 화원에 가서 화분을 사는데, 반찬과 양념을 사오는 것도 아닌데 그저 행복하다고 말하는 걸 보니, 새 화분을 사지 않겠다는 결심이 오래갈 것 같지는 않다.

    남편은 원래 시골 사람으로 대구에서 태어나고 자랐기 때문에 시골을 좋아한다. 게다가 집을 짓는 사람이라 산속이나 시골의 공기 좋은 곳을 지금까지 많이 다녔다. 그는 아이들 클 때까지 기다렸다가 공기 좋은 곳으로 가서 남의 집만 짓지 말고 우리 집도 지어 보자고 했고, 마침내 그들만의 목조주택을 지었다. 외지에서 일하는 두 아들이 집에 오면 펜션 같아서 좋다며 친구들을 데려오기도 하는데, 엄마가 아파트 살 때보다 한결 편안해 보여서 좋다고 말한다. 부인은 남편이 일을 쉴 때나 놀러 갈 때마다 귀촌할 곳을 찾아다녔다. 10여 년 전에 귀촌을 계획하고 땅을 보러 다닌 지 3년 만에 지금 이 맞바위 근처에 자리를 잡았다. 이곳은 집성촌이라 뜨내기가 없다. 몇 가구 안 되는 이 마을에 귀촌인으로 처음 들어왔는데, 사람들이 편안하고 마음의 여유가 있어 보였다고 한다. 때로는 타인을 향한 관심이 너무 강하다고 여겨질 때도 있었지만, 지금은 순박하고 정이 많아 서로 속마음까지도 주고받을 수 있는 마을사람들과 진짜 이웃사촌이 되었다. 이제는 시골살이의 뿌리가 깊이 내리고 가지들이 더 뻗어 나오는 느낌이라고 한다.

부인은 시골생활과 도시생활의 가장 큰 차이점 중 하나로 쓰레기 처리 문제를 꼽는다. 도시에서는 음식물쓰레기가 별도로 잘 처리되고 있지만, 시골에서는 비료가 된다며 이곳저곳에 그냥 묻어 버리는 걸 흔하게 볼 수 있다. 남편과 같이 집 주변 정리를 하면서 우리 집 정원만 가꾸는 게 아니라, 여유가 생기면 마을에 방치되어 있거나 쓰레기가 버려지는 곳에 조금씩 식물을 심기 시작했다. 이장님의 지원으로 주민지원사업까지 공모해 마을 입구에 정원을 만들고 표지판도 세웠다. 처음에는 정원이나 화초에 관심이 없던 마을 분들도 가끔 정원을 구경하면서 관심을 보이더니 몇 분은 바쁘게 농사를 지으면서도 틈틈이 마당에 식물을 기르거나 각자 나만의 작은 정원을 만들어 가고 있다. 정원이 유행처럼 번지면서 정원도시나 정원마을이 급조되어 관광상품으로 만들어지는 요즈음, 정말 식물을 좋아하고 정원을 사랑하는 마을 사람들의 노력으로 만들어지는 진정한 '정원마을'은 그 의미가 매우 크다. 펜데믹시대가 되면서 도시에서는 플랜테리어식물을 활용한 인테리어가 지치고 힘든 사람들을 위로해 주고 있다. 비교적 넓은 마당을 확보하기 쉬운 시골에서도 옛 외할머니 마당처럼 푸근한 느낌의 정원이 유행처럼 번지기를 기대한다.

정원도시 부여의
마을 동산바치 이야기

초촌면 응평3리
오평마을 박골
조팝나무 요정길정원

정원은 노동하는 곳이 아닌,
노는 곳입니다

정원도시 부여의
마을 동산바치 이야기

정원은 노동하는 곳이 아닌,
노는 곳입니다

부여는 백제 사비시대의 수도이며 유네스코세계문화유산으로 잘 알려진 유명한 역사문화도시이자 아직도 부분적으로는 1970~80년대의 푸근한 시골 풍경을 볼 수 있는 작은 농촌 도시이기도 하다. 지금은 아무리 오지라도 비 오는 날 진흙 밟으며 집에 들어가는 사람은 찾아볼 수 없을 정도로 포장도로가 잘 갖추어져 있다. 그럼에도 불구하고 오평마을 박골에 자리 잡은 이 정원은 마을 큰길을 벗어나 소류지를 지나 산자락을 오르다가 비포장도로로 300여 미터 더 들어가 길이 끝나는 데까지 가야 만날 수 있는 망월산望月山 허리께 정말 외딴 곳에 만들어져 있다.

정원 주인은 부여에 귀촌한 지 11년이 되었다. 그가 자리 잡은 곳에는 원래 오랫동안 방치되어 있던 약 6000제곱미터 규모의 다랑이논이 있었는데, 거의 땅값만큼 돈을 써서 덤프트럭으로 흙을 옮겨다 그곳을 메우고 4단으로 대지를 조성했다. 그는 귀촌하려고 전라남도와 경상남도를 빼고 제주도까지 3년 동안 땅을 찾았다. 땅을 본 바로 그날 계약을 했을 정도로 그는 이곳 주변 환경이 썩 맘에 들었다. 특히 망월산 줄기의 대지 양옆으로 흐르는 개울의 물길이 잘못된 상태이긴 했지만 잘 살리면 멋질 것 같아 주저하지 않고 땅을 구입했다.

부여에 정착하게 된 건 결혼 전 20대 중반에 도자기와 테라코타를 배우고 싶어 6개월 동안 백제토기를 배울 수 있는 '백제요'에 머물렀던 경험이 크게 작용했다. 결혼하고 인터넷으로 사업을 하면서 반복되

는 일상에서 벗어나 지친 몸과 마음도 쉬게 할 겸, 전통문화대학교에서 도자기도 더 배울 요량으로 부여로 내려왔다. 처음에는 마을 아래에서 전세로 살다가 현재 사는 집을 지은 후로는 젊은 시절부터 소원이었던 정원도 만들고 당나귀도 기르면서 정착하게 되었다. 정원 주인은 충주가 고향이라 마당 있는 집에서 자랐는데, 어머니가 식물을 좋아해 계절마다 온 천지가 꽃으로 덮이는 풍경을 보면서 자랐다. 아버지는 그를 산에 데리고 다니면서 멍석딸기, 삼지구엽초, 둥굴레 등 야생화를 많이 보여주고 이름을 알려 주었다. 어릴 적 경험 때문인지 아파트에 살 때도 화분이 아니라 발코니를 비롯해 가능한 공간마다 흙을 깔아 마치 마당의 화단처럼 꾸며서 식물을 많이 키웠다. 아래층 할머니가 아파트 무너진다고 하도 걱정을 해서 식물을 마음껏 기를 수 있는 마당 있는 집으로 옮길 생각을 하게 되었단다.

　　대지는 뒷산을 배경으로 네 단으로 이루어져 있는데, 맨 위에는 각종 유실수와 꽃이 예쁜 풀들이 자라고 집과 도자공방, 전통 가마가 있는 곳으로 조성되어 있다. 정면으로는 멀리 논산 방향으로 대둔산이 보이고, 집 왼편으로는 망월산이 집을 감싸고 있어 산 이름처럼 매달 보름달 구경하는 장소로는 최고란다. 장마 때 계곡으로 내려오는 물 구경도 이 집에 살면서 빼놓을 수 없는 진귀한 경험이 되었다. 그 아래 단은 텃밭 위주로 가꾸고 있고 셋째 단은 온전히 정원으로 조성하려고 준비하고 있다.

　　맨 아래는 동물농장으로 원래는 당나귀를 방목해 길렀는데, 남편이 타지에 외출 중일 때 당나귀가 출산을 해 부인이 한밤중에 혼자서 새끼를 받아 낸 적도 있다. 하지만 가끔 문제가 생기면 수의사가 오기까지

정원도시 부여의
마을 동산바치 이야기

시간도 걸리고 덩치 큰 당나귀에게 이불 하나 덮어 주는 거 외에는 어떤 도움도 줄 수 없는 안타까운 상황이 발생해 결국 포기했다. 하지만 언젠가는 꼭 다시 기르고 싶다고 말한다. 마당 여기저기에 놓인 당나귀 테라코타를 바라보며 "이건 제 마스코트예요"라고 말하는 부인의 표정에서 당나귀를 향한 '찐사랑'을 느낄 수 있었다. 현재는 이 자리에서 흑염소와 닭을 함께 키운다. 한 지붕 밑에서 함께 사는 동물들이 한가롭기 그지없는 넓은 뜰을 몰려다니기도 하고 뛰어다니며 행복을 누리고 있다. 닭이 알을 품어 병아리가 태어나 자라나고 또 커서 알을 낳아 주니 좋다. 흑염소를 방목해 키우기 때문에 이 아이들이 풀을 뜯어 먹어서 힘 안 들이고 자연스럽게 제초작업을 할 수 있어서 또 좋다고 한다. 우리가 방문했을 때 함께 동물 우리에 들어가 구경을 할 수 있었는데 닭이 갓 낳은 신선한 달걀, 그것도 귀한 청란을 선물로 주어 맛있게 먹기도 했다.

생명이 태어나는 봄을 제일 좋아한다는 그는 개울 옆 하얀색 꽃이 피는 조팝나무 가로수 길이 봄에 정원 최고의 풍경을 선사한다고 소개한다. 봄에 흰 꽃이 만개하는 조팝나무 군락은 다른 데에 있던 조팝나무를 몇 년에 걸쳐 이리로 옮겨 한군데 모으면서 조팝나무 길이 되었다고 한다. 이곳 어딘가에서 요정이 나올 것 같다고 이름도 '조팝나무 요정길'이 되었다. 이 길을 따라 아침마다 개를 데리고 산책을 하는데, 안개라도 끼면 보지 못한 사람은 상상할 수도 없을 만큼 신비스럽고 아름다운 길이 된다. 개울이 정원 부지 양편으로 흐르는 습지라 뒤뜰에는 오리나무가 많고 꽃창포도 심었다. 유실수도 여러 그루 심었지만 멧돼지, 두더쥐, 심지어 사슴벌레까지도 복숭아를 너무 좋아해 전부 망쳐 놓아 그냥

마당에서 닭과 염소가 한가롭게 노닐고 있다.

마당 여기저기에 놓인 당나귀 테라코타는 정원의 마스코트다.

정원도시 부여의
마을 동산바치 이야기

개울에서 돌을 주어와 쌓은 돌담과 물길, 주변의 식물들과 어우러지는 장독대. 본인이 직접 만들어 매우 자랑스럽게 여기는 장소다.

목백합이라 불리는 튤립나무의 꽃

뒷산으로 연결되는 자연정원으로 조성하고 있다. 한여름 덩굴성 식물이 나무를 휘감으면 큰 나무도 죽을 수 있어 뒷산에 있는 많은 나무들의 덩굴을 끊어 내는 일도 해야 한다. 다랑이논으로 오래 이용되어 흙이 황토 진흙이라 배수가 좋지 않아 자연스럽게 경사 지형을 만들고 모래나 잔자갈도 깔고 유공관도 설치해 시행착오를 거치며 차근차근 문제를 해결했다고 한다. 처음에 이사 와서 좋아하는 노각나무나 튤립나무 같은 나무를 먼저 많이 심었기 때문에 지금은 보기 좋게 그늘을 드리우고 휴게공간을 제공하고 있다.

　　정원 주인은 "정원에서는 놀아야 한다"로 본인의 정원론을 간단하게 정의한다. 정원을 돌보는 일이 놀이가 되지 못하면 아름다운 꽃과 풍경을 즐기기는커녕 그냥 육체노동이 될 수밖에 없기 때문이다. 도시에 살 때는 불면증으로 힘들었는데 놀이로 하는 노동이 병까지 치료해 주었다. 정원을 만들면서 풀 한 포기, 돌 하나 부부의 손이 가지 않은 곳이 없다. 직접 개울에서 돌을 주워 와 쌓은 돌담과 물길까지 만든 장독대는 주변의 식물들과 함께 어우러지며 조형 감각이 뛰어난 예술품으로 보인다. 이곳은 장독대를 계획하고 직접 만든 본인 역시 매우 자랑스럽게 여기는 장소다.

　　정원이 있는 마을은 예전에는 주변 산에 오동나무가 많아 오평梧坪마을로 불리기도 했고, 어르신들은 박골로 부르기도 한다. 호기심 많은 부부는 산에 다니면서 유심히 나무들을 살피는데, 실제로 몇 그루 오동나무를 볼 수 있었다. 그리고 자신의 정원 뒤뜰에 오동나무를 심고 그 이름을 따서 박골도방, 오평요라는 이름을 짓고 전통 가마를 갖춘 도자

정원도시 부여의
마을 동산바치 이야기

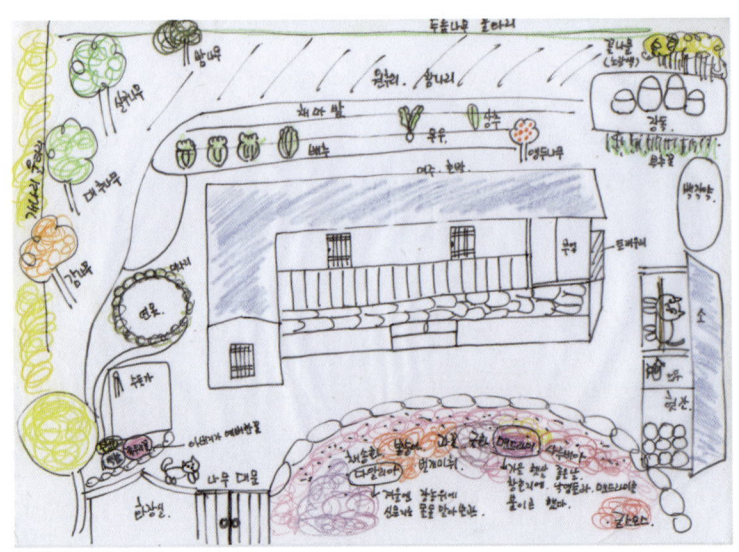

"그림 그리기를 하면서 엄마 생각이 나서 너무 좋았어요. 어렸을 때로 돌아간 느낌. 너무 일찍 돌아가셔서 보고 싶어요."

2012년 9월 3일 정원 주인의 카카오톡,
1980년대 초반 충주집 정원의 모습
ⓒ김옥희

공방을 운영한다. 정원 주인은 도자기를 가르치기도 하고 원하는 사람들에게 판매도 하고 있다. 또 식물을 좋아해 세밀화를 오래전부터 그리고 있는데, 요즘은 누군가를 가르치는 경지에까지 이르렀다. 우리가 정원을 방문했을 때 도자공방에 딸린 황토방에서 주인은 정식으로 배운 다도 솜씨로 차 대접을 해 주었다. 정원 가꾸기는 물론 도자공방 운영, 선과 다도에 이르기까지 어느 것 하나 소홀함 없이 취미생활 수준을 뛰어넘어 전문가의 솜씨가 드러난다.

부부는 부여 사람들은 외지인들에게도 열린 마음으로 다가서는 것 같아 지금은 친구들도 많이 생겼고, 땅을 찾고 집을 지을 때도 마을 분들이 도와주지 않았다면 불가능했다고 말한다. 귀촌할 때 40대였기 때문에 바로 위 동네 형님과도 열한 살 차이가 날 정도로 동네 사람들과 나이 차이가 많이 났지만 젊은 부부가 들어온다고 마을 어르신들이 좋아했다고 한다. 그리고 부부도 마을에서 하는 서예교실도 다니고 동네 어르신들과도 기회 있을 때마다 함께 자주 만나면서 편안하게 시골생활에 적응할 수 있었다. 아마 식물, 동물, 자연과 함께하면서 살아가는 자연친화적인 부부의 모습이 주변 사람들에게 좋은 모습으로 보여져 마을 사람들과도 금세 친해진 것이 아닌가 싶다. 도시의 아파트에 살 때는 팍팍한 도시 인심 때문에 겨우 아래층 할머니 정도 밖에 알고 지내지 못했는데, 여기에서는 주변 사람들과 교류하며 마음껏 하고 싶은 대로 좋아하는 정원을 만들고 싶다는 소망을 조금씩 이루어 나가고 있다. 크고 화려한 식물보다 작고 소박한 아름다움을 지닌 아이들을 좋아하는 그가 이곳에서 완성해 갈 야생화 천국을 기대해 본다.

함께 둘러 보면 좋아요 / 초촌면 송국리 유적지

1974년 4월 송국리 주민의 제보로 석관묘에서 비파형동검이 처음 출토되었다. 그 후로 우리나라는 물론 세계적으로도 중요한 역사적 의미와 가치를 지닌 유적으로 인정되어 1976년 사적 제249호로 지정되었다. 전체 지정 면적이 54만 9000제곱미터로 2019년까지 스물네 차례에 걸친 발굴조사를 실시해 '송국리형 유적'이라는 독창적인 청동기문화가 확인되었고, 현재도 계속 조사가 이루어지고 있다. 이곳은 우리나라 최고·최대의 청동기시대 유적으로 취락·방어·분묘 시설로 이루어진 복합유적지다. 부여에서는 옥산부터 석성까지, 은산부터 양화까지 전 지역에서 청동기시대 분묘와 유물이 발견되고 있다. 백제가 부여로 천도하기 오래전부터 이미 광범위하게 주거지가 형성되어 있었다. 부여는 강과 뜰과 산을 고루 갖춘 자연환경이 있었고 먹을거리도 풍성해 고대인들도 최적 주거 정착지로 인정했다는 사실을 알 수 있다. 청동기시대의 가장 큰 문화적인 특징은 농사의 시작과 함께 마을을 형성하여 집단으로 정착생활을 하면서 청동기를 사용했다는 점이다. 지

배층 무덤인 고인돌도 청동기시대에만 존재하는 특별한 유적으로 송국리에 2기가 있다. 중요한 유적임에도 불구하고 드러나 보이는 볼만한 유구가 없어서인지 잘 알려지지 않아 유감이다. 한가롭고 여유 있게 주변의 들과 멀리 계룡산을 보면서 산책을 해 보면 어떨까. 아마 우리 선조들이 왜 여기에 정착했는지, 사람들이 어떤 환경에 살아야 좋은지 단번에 알 수 있을 것이다. 충분히 방문할 가치가 있고 인상적인 부여의 자랑거리다.

1 이곳은 주변의 들과 저 멀리 우뚝 선 계룡산을 보며 한가롭고 여유 있게 풍경을 즐길 수 있는 좋은 산책코스이기도 하다.
2 송국리 유적지 전경 ⓒ부여군청

초촌면 송국리
유적지

초촌면 추양2리
고추골
솔이네 소나무정원

젊은 농부가 소나무와
함께 만들어 가는 행복 쉼터

정원도시 부여의
마을 동산바치 이야기

젊은 농부가 소나무와
함께 만들어 가는 행복 쉼터

"길을 따라 걷다 오른쪽으로 묘지가 보이면 바로 옆집입니다." 정원 주인은 길을 묻는 나에게 이렇게 설명해 주었다. 집 입구가 무덤이라고? 정말 무덤 바로 옆이 40대 초반 젊은 부부와 아이가 사는 얼마 전 새로 지은 집이었다. 도시에 수십 년 살던 사람은 상상조차 할 수 없는 장소에 집이 자리 잡고 있었다. 부여를 다니면 유난히도 묘지가 많이 보인다. 마을이나 집 주변으로는 물론 논 한편에도, 과수원 가운데에도, 길가에도 장소 불문하고 크고 작은 묘지가 자리하고 있다. 예로부터 여유가 생기면 경상도 사람은 집을 짓고, 전라도 사람은 먹고 싶은 걸 먹고, 충청도 사람은 조상 묘지 자리를 찾는다는 말이 틀린 말이 아닌 듯하다. 묫자리는 소위 '명당' 자리에 정하기 때문에 묘지 부근의 집은 대부분 남향이나 동향에 전망도 좋고 주변 산이 나지막하게 감싸고 있는 좋은 입지가 많다.

누군가 특이한 소나무가 많이 있는 집이라고 추천을 해 주어서 처음에는 나이 드신 어른이 있을 것이라고 생각했는데 만나 보니 주인이 너무 젊은 사람이라 놀랐다. 돈으로 가치를 따지기 어려운 소나무와 향나무가 여기저기서 보여서 더 놀랐다. 아마도 나이가 지긋한 세대가 소나무를 좋아한다는 고정관념이 머릿속에 각인되어 있었던 것 같다. 젊은 사람이 어떤 사연으로 이렇게 소나무를 좋아하게 되었냐고 물었더니 단순하면서도 명쾌한 답이 돌아왔다. "어릴 때부터 워낙 나무를 좋아했어요. 크면서는 아름다운 정원이 있는 집을 보면 나도 내 집을 갖게 되면

정원도시 부여의

마을 동산바치 이야기

손수 지은 정자의 이름은 '솔사랑 쉼터'다. 소나무를 생각하고 딸의 이름을 '솔'이라 지은 건 아니지만 이래저래 소나무와 인연이 깊은 사람임에 틀림없다.

멋진 정원을 만들어 보고 싶다고 늘 생각했지요." 그는 어릴 때 놀던 고추高楸골 솔숲 소나무가 마음속에 멋있는 곳으로 남아 있었고, 늘 푸른 나무기 때문에 소나무를 좋아한다고 말한다.

우연한 기회에 정원 주인의 아버지를 만날 기회가 있어 자녀들을 키울 때 나무 있는 정원이 있었는지 물어보았다. "아니요. 그때는 어디 그럴 여유가 있었나요. 그냥 자기 혼자 나무를 좋아하는 거예요." 그는 결혼하면서 현재 위치에 집터를 잡고, 손수 축대를 쌓아 지반을 조성해 마음에 드는 소나무나 향나무를 옮겨 심으면서 집도 지었다고 한다. 그는 한 번 생각하고 마음 먹으면 끝을 보는 성격이다. 옆 마을에서 특별하게 모시듯 관리하는 향나무가 있었는데, 너무 마음에 들어 시간만 나면 가서 보고 쓰다듬고 했더니 어느 날 그렇게 좋으면 가져 가라고 해 지금은 이 집 마당에서 잘 자라고 있다. 나중에 알고 보니 그 향나무를 탐내 비싼 가격으로라도 사고 싶어 하는 조경회사들도 많았는데, 나무 주인이 제일 나무를 사랑하는 거 같아 첫 번째로 연락했다고 한다.

10년째 정원을 만들어 나가고 있는데, 아마도 마음에 드는 나무가 있으면 그의 성격대로 반드시 마당으로 옮길 테니 이 소나무 정원은 계속 진행형이라 언제 완성될지 궁금하다. 마당 한쪽으로는 별도로 가식장과 묘목장이 있어 여기에도 아직 옮겨 심지 않은 좋은 소나무가 많이 있다. 백송도 보이는데 이전할 행정복지센터에 세 그루를 기증하기로 했단다. 취미 삼아 목공도 하고 있어 마당에 있는 정자도 죽은 소나무 등을 이용해 손수 지었다. 이름은 소나무를 생각해 '솔사랑 쉼터'로 부른다고. 마침 딸의 이름도 '솔'이다. 이름을 지을 때 소나무를 생각한 건 아니라지만

정원도시 부여의

마을 동산바치 이야기

이래저래 부부는 소나무와 인연이 깊은 것 같다.

부부는 이웃하는 이규채 선생님과 힘든 일도 도와드리며 마치 부자지간처럼 친하게 지내고 있다. 목공을 하면서 자투리로 남는 소나무나 피죽나무 각재로 제재하고 남은, 껍질이 있는 나무의 외피 부분 목재 등은 잘 다듬어서 각 재료로 쓰라고 드린다. 이곳은 고개 하나 넘어가면 유명한 서당산 솔밭도 있어 아마 빠른 시간 안에 소나무 동네로 알려질 것 같다. 일반적이지 않은 독특한 감성으로 전지하고 다듬은 마당의 소나무와 향나무도 좋은 풍경을 연출하지만 마당에서 멀리 보이는 계룡산의 능선 전경 또한 일품이다. 잘 살펴보니 주변 자연환경에 거스르지 않고 계룡산의 풍경과 어울리도록 차경기법으로 나무의 위치를 잡은 세심함도 엿보인다. 집에 돌아오면 소나무와 향나무가 너무 좋아 만져 보고 이 방향 저 방향에서 쳐다 보고 어떻게 모양을 잡을까 생각하느라 마당에 머무르는 시간이 많다고 한다.

정원 주인은 부친의 일을 이어받아 양송이 재배용 흙을 생산·판매하는 사업을 하고 있다. 최근에는 지인들과 양송이 재배도 시작했다. 그는 전국 최대 양송이 산지 전국 생산량의 60퍼센트인 이곳 석성면과 초촌면에서 멋진 소나무 정원을 만들면서 자신이 기른 신선한 양송이로 최고급 양송이 요리 전문점을 만들고 싶다는 계획도 가지고 있다. 이 패기 넘치는 젊은 농부이자 사업가가 멋진 소나무 정원과 함께 만들어 나갈 미래를 기대해 본다.

정원에서 계룡산과 청동기시대 주거지 송국리 유적지가 한눈에 들어온다. 주변 자연환경과 어울리도록 차경기법으로 세심하게 나무의 위치도 잡았다.

정원도시 부여의
마을 동산바치 이야기

> 함께 둘러 보면
> 좋아요

초촌면 추양리楸陽里 서당산 솔밭

추양리楸陽里라는 지명은 1914년 부여군이 통폐합될 때 고추高楸골의 '추'와 응양리鷹陽里의 '양'을 합쳐 만들었다. 빛이 잘 드는 매 모양 지형에 큰 가래나무가 있다는 마을 이름처럼 이곳에 큰 가래나무가 있었던 것으로 추정된다. 몇몇 어르신들은 떡갈나무로 기억하고 있다. 근처에 송국리 유적지가 있어 같은 시기에 마을이 생겨났을 것이라 생각할 수도 있지만, 이곳은 임진왜란 이후 전주 이씨가 집성촌을 이루며 살아온 400년의 역사를 지닌 마을이다. 오래된 전통마을답게 소나무 숲이 마을을 지키고 있다. 현재 서당산 솔밭의 소나무는 대부분 150~200년 정도의 수령으로 추정하고 있다. 솔밭의 역사도 마을의 역사와 같을 것으로 보인다. 이 솔밭이 지금까지도 관리가 잘 되어 현재의 모습을 유지할 수 있었던 데에는 전주 이씨 종중의 노력이 컸다고 한다. 일제강점기에 주민들이 마을 공동 재산으로 등록하고 지금까지도 산지기를 두고 관리하며 보존하고 있는 보물 같은 숲이다. 추양리에서 어린 시절을 보낸 사람들은 서당산 솔밭의 추억을 누구나 소중히 간직하고 있

다. 솔밭 사이로 멀리 보이는 계룡산 능선의 신비하면서도 우람한 풍경을 보며 자연 속에서 호연지기|浩然之氣를 키우며 각자의 꿈을 꾸고 이루었으리라. 소나무로 지은 집에서 태어나 소나무로 만든 관에 들어가 일생을 마치는 한국 사람의 소나무 사랑은 진짜 유별난 것 같다.

1 멀리 신비스럽고 우람한 계룡산의 능선을 바라보고 있으면 오래전부터 이곳이 살기 좋은 마을이었음을 알 수 있다.
2 서당산 솔밭은 일제강점기에 주민들이 마을 공동재산으로 등록하고 지금까지도 산지기를 두고 관리하며 보존하고 있는 보물 같은 숲이다. ⓒ추양리 고추골 솔바람마을

초촌면 추양리
서당산 솔밭

초촌면 추양2리
고추골
예술정원

정원은 설치예술의 극치,
행복을 나누는 곳

정원도시 부여의

마을 동산바치 이야기

정원은 설치예술의 극치,
행복을 나누는 곳

현당玄堂 이규채. 멋진 분이다. 그는 교직에 있으면서 42년 동안 끼를 감추고 살다가 교장으로 정년퇴임한 후 마침내 자유로운 영혼 본래의 모습으로 진정한 제2의 인생을 마음껏 즐기고 있다. 아마 교직 생활도 내내 내면의 모든 욕구를 내려놓고 후회 없이 학생 가르치는 일에 집중한 분이었을 것이다.

그는 평소에 넥타이는 물론이고 옷도 무채색보다 화려한 색을 즐겨 입는다. 퇴직 후 3년 6개월 동안에는 교직에 있을 때는 할 수 없었던 꽁지머리를 하고 다니기도 했다. 파마를 했을 때에는 사람들이 종종 뒷모습만 보고 여자로 오인하는 경우도 많았다고 한다. 그의 좌우명은 "잊히지 않는 사람은 행복하다", 가훈은 "몫을 하자"이다. 마당과 집안 곳곳에 "길은 잃어도 사람은 잃지 말고 베풂은 잊어도 은혜는 잊지 말자", "노인은 늙는 게 아니라 익어 가는 것이다", 그리고 나태주 시인의 '풀꽃'을 패러디한 "자세히 보아야 예쁘다. 오래 보아야 사랑스럽다. 너도 그렇다. 우리 집 꽃밭도, 우리 집 국화도 그렇다" 같은 좋은 글이나 본인의 인생철학을 서각이나 캘리그래피로 만들어 장식하고 있다. 사랑·감사·행복·인생이라는 단어가 유난히 많다. 빈 벽을 볼 수 없을 정도로 집 전체가 서각과 캘리그래피로 채워진 타이포그래피 미술관이다. '소지황금출개문만복래掃地黃金出開門萬福來, 마당을 쓰니 황금이 나오고 만복이 열린 문으로 들어오네'는 입춘첩에 쓴 글귀였는데, 글이 좋아 계속 입구에 붙어 있다. 범상치 않은 입구는 물론이고 정원과 집 전체가 설치예술이라고 해야 할 것 같다.

큰 은행나무가 있었는데 며느리와 손자가 알레르기가 있어 없애 버렸다. 아쉬운 마음에 흔적을 남기려고 은행나무 껍질로 벽에 모자이크로 나무 형상을 만들어 붙였다.

정원도시 부여의
마을 동산바치 이야기

헛간에 독서나 사색을 할 수 있는 공간을 마련했다. 현당의 글과 그림이 방문객을 맞이하는 이곳의 이름은 '책방으로 가는 길'.

정원도시 부여의
마을 동산바치 이야기

현당은 이 집에서 태어나 고등학교까지 다니고 대학 때부터 외지에서 생활했다. 선생으로 첫 발령을 받은 곳이 모교인 초촌초등학교이고, 그 후 충남지방 여러 학교에서 일하다가, 2009년 정년퇴임하고 고향집으로 돌아와 몸이 불편한 어머니를 병원이 아니라 집에서 부인과 함께 모셨다. 딸보다도 잘하는 효부라 어머니가 매우 행복하게 지내셨다고 한다. 그는 교사로 재직할 때 해외 견학을 가서 아름다운 집과 정원을 보면서 지금은 어렵지만 퇴직하면 꽃밭과 나무가 있는 곳에서 텃밭까지 가꾸고 싶다는 생각을 늘 했다. 거창한 계획을 세우고 준비한 게 아니라, 그저 소박하고 자연친화적인 정원을 만들어 보고 싶었다.

고향으로 돌아올 때는 그림 같은 아름다운 집을 짓고 공방과 작업실도 꾸미려고 계획했으나 어머니가 편찮으셔서 그대로 살면서 작업실만 마련하고 마당과 경사지 등 지형지물을 활용해 자연스런 정원을 조성하기 시작했다. 식물 관련 전문 지식이 없어 농업기술센터와 국화 동호회에서 3년 동안 국화 재배법을 공부했고, 그러면서 자연스럽게 다른 식물에도 관심을 갖게 되어 유튜브나 블로그 등을 찾아보면서 나만의 꽃밭을 만들어 갔다. 늦가을 덥지도 춥지도 않은 좋은 계절에 꽃이 피는 국화는 다양한 색과 모양은 물론 화려하면서도 은은한 향기 때문에 그가 제일 좋아하는 식물이다. 국화 외에도 다육식물과 분재도 가꾸고 텃밭도 있다. 여름철에는 수세미나 풍선초 등 여러 녹색 덩굴식물이 풍성하고 멋지게 주변 환경을 감싸 안는다. 그는 마당 한편에 마련한 오디오 기기로 물과 관련된 뉴에이지 음악을 들려주었는데, 정원에 물과 관련된 공간이 없어 음악으로 물을 연상시켜 청각적으로 정원을 더 풍성하게 만들어 주려는 듯했다.

　　2020년 늦가을 10년째 계속하는 '현당 이규채 잡동사니 가을 특별전' 국화잔치에 초대를 받았다. 주제는 '책방으로 가는 길'. 집 입구 골목길부터 마당 전체가 국화꽃 천지로, 은은한 국화향이 집 주변과 마을까지 감싸고 있었다. 바깥마당의 헛간 일부를 책방처럼 꾸미고 텃밭과 국화를 바라보며 자연 속에서 독서도 하고 사색할 수 있는 장소로 꾸몄다. 그는 매년 봄 직접 삽목부터 시작해 국화잔치를 준비한다. 한때는 화분 400개까지 키웠는데 매일 아침저녁으로 물도 주어야 하고 관리가 힘들어 점점 화분 수를 줄이고 있다. 작은 마당도 아닌데 개인이 이렇게 땅이 비좁을 정도로 많이 국화꽃을 기르는 건 흔치 않은 일이다.

　　책방으로 가는 길에는 주제와 관련된 내용의 서각과 캘리그래피가 전시되어 있고 '해피 하우스Happy House'로 부르는 비닐온실 작업실도 내부를 볼 수 있게 개방해 서각 도구는 물론 삶과 시간의 흔적이 남아 있는 온갖 잡동사니를 구경할 수 있다. 어두워지면서 여기저기에 불이 들어오니 국화도 불빛 아래에서 낮과는 다른 요염한 맵시를 뽐낸다. 초대받은 날, 이 독특하고도 운치 있는 가을밤 분위기에 빠져들면서 늦은 시간까지 자리를 뜰 수 없었다. 어느 해에는 작은 음악회를 개최하여 축제 분위기를 고조시켰다고 한다. 국화잔치는 국화꽃만 보는 게 아니라 전시된 서각이나 캘리그래피의 시각적인 아름다움이 주는 감동도 느낄 수 있어 보는 이에게는 글을 읽으며 자기를 되돌아보는 성찰의 축제가 되기도 한다.

　　"정원은 설치예술의 극치라고 생각합니다. 환경 파수꾼으로서 플라

정원도시 부여의
마을 동산바치 이야기

황토헛간을 이용해 만든 서각전시장은 낮에는 카페, 밤에는 색색의 조명이 켜지며 '나이트클럽' 분위기로 변한다.

스틱 막걸리 용기는 바람개비로, 방명록은 비닐 포대로, 버려야 할 주전자는 화분으로, 버리는 폐품을 활용합니다. 내가 이렇게 소꿉장난하듯 웃기게 삽니다." 바람개비는 108개 만들었는데 현재는 몇 개 남지 않았다. 자연이 있는 공간을 예술화하는 일에 열심인 그의 정원에는 박카스 병을 활용한 설치예술 등 기발한 재활용 아이디어가 넘쳐난다. 정원축제에 출품한다면 최고상을 받을 만하다. 집과 정원 전체가 자연과 함께하는 작업실이자 현당의 생활사박물관이다. 그는 과거 자신의 모습을 볼 수 있는 수첩과 학교일지, 넥타이, 빛바랜 사진 등 모든 게 삶의 흔적이라 버릴 수가 없다고 말한다. 빈 벽이 없고 발 디딜 틈 없이 흔적과 추억이 들어찬 현당의 작업실이자 휴게공간은 개인사박물관으로 그대로 보존되었으면 좋겠다.

황토헛간을 이용해 만든 서각전시장은 낮에는 카페, 밤에는 색색 조명과 함께 '나이트' 분위기로 바뀐다. 그는 나중에 자식들이 힘들까 봐 이제는 서서히 정리해야 할 것 같다는 말도 덧붙였다. 바깥 벽에 은행나무껍질로 만든 모자이크가 있다. 원래 집에 큰 은행나무가 있었는데 며느리와 손자가 알레르기가 있어 이웃 이민우 씨가 도와주어 포크레인으로 없애 버렸다. 하지만 못내 아쉬워 은행나무의 흔적을 남기려고 이 모자이크 작품을 만들었다고 한다. "어른 한 분이 돌아가시면 도서관 하나가 사라지는 거나 마찬 가치다"라는 아프리카 속담이 생각났다.

"자기만의 고유한 빛깔을 가지고 살아가야지 남 따라가다가는 불행해집니다. 그래야 나에게도 이롭고 남에게도 이롭습니다. 그게 바로 자리리타自利利他의 삶입니다." 그는 윤석구 시인의 '늙어 가는 길'이라는

정원도시 부여의
마을 동산바치 이야기

시를 읽어 주며 앞으로 남은 인생 여정의 각오와 함께 각자의 빛깔 있는 삶의 중요성을 다시 한 번 강조했다. "아쉬워도 발자국 뒤에 새겨지는 뒷모습만은 노을처럼 아름답기를 소망하면서 황혼 길을 천천히 걸어 갑니다." 시인의 문장을 우리도 다시 곱씹어 보았다.

"얼마나 아름다운가요! 정원은 저에게 삶의 활력소이자 휴식의 공간입니다. 식물이 자라고 꽃이 피는 걸 보면서 치유와 위안이 되고, 겨울이 지나 봄에 다시 새싹이 돋는 모습을 보면 끈질긴 생명력에 감동하게 되지요. 나무 밑에 다양하게 화초들이 어울리면서 자라는 걸 보며 자연의 생명력이 넘치는 정원에서 인간의 다양성을 생각하며 삶의 지혜를 얻게 됩니다. 정원을 가꾸고 관리하는 일, 그 일이야말로 살면서 가장 즐거운 일입니다."

그는 정원이 크지는 않지만 늦은 나이에 시작해 할 수 있는 만큼만 일을 취사선택할 것이라고 말한다. 그래서 지금 정원이 너무 잡다해지는 것 같아 정선精選하여 계절마다 특색 있는 정원으로 만들어 가고 싶다며 마음속 꿈을 이야기했다. 현당은 정원에서 황혼의 자유를 누리고 있다. 이 황혼의 자유는 오늘 할 일을 내일로 미루어도 누가 뭐라 하지도 않고 시간에 쫓기지도 않는 황금의 시간이다. 그는 자신의 공간을 아름다운 정원으로 만들어 지역사람들에게 즐거움을 주고, 꽃씨도 나누어 주고, 국화 재배기술도 나누고 싶어 한다. 행복은 조금이라도 남에게 도움을 주면서 나누는 데에서 자라는 것이니.

그는 원래 가만히 있지 못하고 뭐든 빠르게 해내는 편이었는데, 정원을 가꾸면서부터는 안정되고 정화된 느낌으로 정원에서 사색과 명상

정원도시 부여의

마을 동산바치 이야기

을 즐기게 되었다고 한다. 현당은 집 위로 구름이 둥실둥실 가물거리고 소박하고 평화로운 정서가 포괄적으로 담긴 호라고 한다. 아마 이 호가 후에 정원을 가꾸면서 소박하면서도 평화롭게 사는 모습을 미리 예견한 듯하다. "사모님, 하루하루가 이벤트인, 저렇게 재미나고 너무 바빠 아플 시간도 없다는 분을 어떻게 모시고 사세요?" 물으니, 잘라 놓은 무청을 한아름 들고 가며 "각자 하는 일이 다르니까요. 나는 살림해요." 이런 부인 덕분에 현당은 그간 숨겨 놓았던 자유분방함과 예술가의 끼를 맘껏 누리고 사는 건 아닐까?

은퇴 후 노년의 시간은 쫓기지 않는 황금시간이다. 황혼의 자유를 누리면서 가꾸는 정원은 아름다울 뿐만 아니라 여유가 느껴진다. 가을밤 짙은 국화 향과 운치 있는 분위기에 취하면 늦은 시간까지 자리를 뜰 수 없다.

정원도시 부여의
마을 동산바치 이야기

홍산면 홍양1리
안양골
소나무정원

변함없고 믿음직스러운
소나무를 향한 지극한 사랑

정원도시 부여의
마을 동산바치 이야기

변함없고 믿음직스러운
소나무를 향한 지극한 사랑

"태생적으로 풀과 나무를 좋아하는 것 같아요." 정원 주인의 부모는 어린 시절 그가 산에서 명자나무산당화를 가지고 와 마당에 심으면 그럴 거면 채소나 심지, 하면서 핀잔을 주었다고 한다. 집에서 식물을 기르는 걸 본 적도 없고, 주변 환경이 식물과 자연스럽게 연결되는 곳이 아니라 어쩌면 부모 눈에도 아이가 별나게 보였을지도 모른다. 안양골은 고려시대 안양사安良寺라는 절이 있던 곳에서 유래한 마을 이름이다. 정원 주인의 집 바로 뒤 안양사 터에는 충청남도 유형문화재 29호로 지정된 고려시대 석탑인 홍양리 5층석탑이 있다. 절 앞마당에 자리 잡은 집과 정원이라 경관이 뛰어나다. 그는 입대 전 20대 초반에 읍내에 집을 직접 짓고, 사철나무로 울타리를 두르고, 향나무를 묘목부터 기르기 시작했다. 향나무는 현재 집으로 이사 오면서 옮겨 심어 계속 기르고 있으니 족히 50년은 넘었다. 그때의 인연과 추억으로 함께하게 된 조형 향나무는 아직도 마당 한편에서 소중하게 돌보고 있다.

그는 내 마당에서 식물을 기르고 싶은 마음에 부모님께 부탁드려 당시 50대 목수와 함께 집을 지었다. 아무것도 모르면서도 어떻게 지었는지, 무슨 용기로 그때 그랬는지 지금 생각해 보아도 잘 모르겠단다. 현재 집도 인부 두 사람과 직접 지었다. 그는 이곳에 약 6000제곱미터 규모의 땅을 마련하고 1986년에 이사를 와 본격적으로 정원을 조성하고 가꾸기 시작했다. 배수가 좋지 않아 기존 흙을 모두 걷어 내고 20톤 트럭 80

정원도시 부여의

마을 동산바치 이야기

대 분량으로 흙을 옮겨와 식재 기반을 마련했다.

　　정원을 조성하기 위해 자연석을 쌓아 단을 만들고 메타세쿼이아 길도 만들면서, 이웃들의 말처럼 한 해도 쉬지 않고 수없이 시행착오를 겪어 가면서 지금의 정원을 만들었다. 그는 집에서 틈틈이 나무를 다듬는데 나무와 함께 있으면 마음이 그렇게 편해진다고 말한다. 주변 사람들은 왜 스스로를 피곤하게 만들고 '두시력 피면서'부여 사투리로 가만히 있지 못하고 이것저것 한다는 의미 자신을 들들 볶느냐고 타박한다. 아마도 천성이 부지런하고 호기심이 많아 그런 말을 들을 것이다. 그러다 보니 그는 늘 쫓기는 생활이고 정리가 안 되는 것 같아 스스로를 불만스럽게 느끼기도 한다.

　　변함없고 믿음직스러운 게 좋아 소나무에 관심이 계속 있었지만 기를 엄두가 나지 않아 작은 묘목만 기르면서 제대로 시작을 하지 못했었다. 하지만 15년 전 소나무 전문가인 후배를 만나면서 본격적으로 소나무와 인연을 맺기 시작했다. 서울에서 건설업을 하는 그의 후배는 내산면에 '머물고 싶은 곳'이라는 대규모 소나무 농장을 가지고 있다. 생각이 늘 앞서가는 사람이고 아이디어와 감성이 풍부할 뿐만 아니라 개를 좋아한다는 것까지 비슷해 가깝게 지내고 있는 후배다. "소나무 가꾸기라는 꿈을 현실이 되게 해 준 고마운 후배입니다. 평소 하고 싶거나 가지고 있는 생각을 이야기하면 무리하지 않는 범위 내에서 가능한 방법을 제시해 주고 기술적으로도 해결 방안을 제시하면서 저를 이끌어 주고 있어요."

　　지금 그의 정원은 작은 소나무만 기르는 게 아니고 누가 봐도 아름

정원도시 부여의
마을 동산바치 이야기

답다고 감탄할 만한 수려하고 특이한 모습의 대형 소나무를 기르고 있어 개인 정원이라기보다 전문적인 소나무 수목원으로 보인다. 본인은 체계적으로 배우려는 노력을 하지도 않았고, 그냥 나무가 좋아 일하면서 즐기고 있어서 비밀정원이라고 소개하기도 쑥스럽다고 겸손하게 이야기한다. 하지만 내가 보기에 그는 나무를 보는 안목이나 기르고 다듬는 모양이 취미를 넘어선 전문가의 솜씨다. 대화를 나누면 나눌수록 자연과 소나무를 향한 깊은 애정이 그대로 드러나는 게 느껴졌다. 이 진솔한 모습 때문에 시간 가는 줄 모르고 재미있게 이야기를 나누었다.

부여에는 유난히 소나무를 좋아하는 분들이 많다. 홍산면에서도 특별한 소나무 정원들을 볼 수 있다. 객사 앞에 작은 묘목으로 시작해 분재 형태로 소나무를 기르는 소나무 정원이 있다. 오랜 시간 정성으로 가꾼 매우 독특한 모양의 아름다운 소나무가, 역시 정성으로 쌓아 올린 돌탑과 함께 지나가는 사람의 발걸음을 멈추게 한다. 여전히 젊은 사람 못지않게 건강하고 날렵하게 행동하는 구순 어르신이 오랜 시간을 들여 가꾸는 정원으로 소나무 외에도 작은 연못과 계절별로 꽃을 피우는 다양한 초화류가 있는 아름다운 정원이다.

부여에서 서천으로 가는 4번국도 왼쪽 좌홍리에서도 100여 미터에 이르는 반송 가로수길과 대규모 영산홍 하부식재를 해 특히 봄에 환상적인 꽃길이 연출되는 아름다운 비밀정원을 볼 수 있다. 이곳은 '머물고 싶은 곳'의 김덕수 회장이 고향 후배를 위해 심혈을 기울여 조성한 곳으로 반송 가로수길 한편 마당에도 대형 소나무와 귀한 수목들이 자리 잡고 있다. 남면 지티리에 있는 부여 소나무의 대부라고 할 수 있는 김덕

홍산면 좌홍리
반송길 정원

홍산면 객사 앞
소나무 정원

남면 지티리
'머물고 싶은 곳'

정원도시 부여의
마을 동산바치 이야기

수 회장의 '머물고 싶은 곳'도 소나무 농장이라기보다 아름다운 수목원으로 불릴 만하다. 늦가을에 방문한 적이 있는데, 소나무와 함께 어우러지며 조화를 이룬 단풍나무의 모습은 잊을 수 없는 부여의 풍경으로 남았다.

"남들이 속된 말로 '또라이'라고 하지만 한밤중에 손전등으로 솔잎을 비추면서 바라보곤 해요. 이런 게 소나무하고 대화하는 거 아닌가 싶어요." 그는 저녁에 일을 마치고 들어와 손전등으로 소나무를 비추었을 때 캄캄한 하늘을 배경으로 솔잎 하나하나가 아주 선명하게 보이는 모습이 참 아름답다고 느낀다. 어떤 소나무 전문가가 밤에 손전등을 소나무를 향하게 해 본 적이 있냐고 묻기에 자주 그렇게 한다고 하니까 '진짜 좋아하는 게 맞네'라는 소리를 듣기도 했다고.

그는 보름달이라도 뜬 날이면 불을 끄고 마당 여기저기 놓여 있는 의자 중 그날 가장 맘에 드는 의자에 앉아 커피 한잔 마시면서 달빛 사이로 보이는 소나무의 몽환적인 실루엣을 감상한다. 가을은 낙엽이 지고 너무 외로워 별로 안 좋아하지만, 눈 쌓인 소나무 풍경을 볼 수 있는 겨울은 너무 좋아해 눈이 오면 눈을 치우는 걸 싫어할 정도라고 한다. "나무와 같이 있으면 편안해지고 그냥 좋고 기뻐요. 벅찰 정도로 아름다워서 행복하고요." 타고난 감성이다. 마음은 있는데 자신이 느낀 아름다움과 기쁨을 흡족하게 표현하지 못하는 게 퍽 아쉽고, 표현을 잘하는 시인이나 문인이 부럽다고도 말한다. "완성이란 없습니다." 그는 시간 날 때마다 혼자 정원을 가꾸다 보니 질서도 없고 마음에 드는 게 없어 늘 스스로 만족하지 못하고 부끄럽다고 느낀다. 3년 정도 일을 더하고 은퇴하게 되면 정원 일에만 집중하고 싶다고 덧붙인다.

　　책 읽기를 무척이나 좋아하는 딸도 은퇴하면 이곳에 와서 북카페를 하면서 살고 싶어 한다. 주말이나 휴일이면 외손주들이 이 정원에 놀러 와 마음껏 뛰놀면서 자연을 즐기고 있다. 손주들은 부여할아버지 집에 오는 걸 좋아하지만 딸이나 사위가 시간이 나지 않는 경우가 있어 할아버지가 직접 데리러 가기도 하는데, 그때마다 아이들이 혼자 아파트 정문 앞에서 조그만 여행 가방을 들고 기다리고 있다고 한다. 외손자들은 이곳을 떠날 때면 울면서 떨어지지 않으려 하고, 꼭 할아버지 옆에서 자고 간다. 조용조용하게 이야기를 나누다가 외손주 이야기를 하니 저절로 그의 얼굴에 미소가 피어나고 목소리도 커졌다. 조금은 흥분한듯 행복해하는 모습이 보기에 아름다웠다. 아이들을 위해 마당에 잔디도 심고, 여름에는 수영장도 만들어 주고, 시골에서 자연과 함께하는 생활을 편히 즐길 수 있도록 집이나 마당을 가꾼다는 그의 모습에서 지극한 외손주 사랑을 느낄 수 있었다. 그는 여섯 명의 외손주들이 정원과 마당에서 맘껏 뛰놀며 자연을 느끼고 먼 훗날 아이들에게 외갓집의 추억이 소중한 기억이 되었으면 하는 작은 소망을 품고 있다.

　　　　　　　　　　　　　　　　　　　　　　정원도시 부여의
　　　　　　　　　　　　　　　　　　　　　　마을 동산바치 이야기

함께 둘러 보면 좋아요

홍산면 옛 모습과 보부상 저산팔읍상무사苧産八邑商務社

부여에서 조선시대의 모습을 찾아보고 싶다면 홍산면을 봐야 한다. 마을의 진산인 비홍산 자락에 자리 잡아 탁월한 입지로 잘 알려진 관아의 동헌과 객사 등이 옛 모습을 보여 주고 있다. 홍산 관아는 전면에 우체국이나 보건소 등의 공공건물이 위치하고 있어 관아거리의 모습을 느끼기에도 좋다. 홍산향교도 산림청 보호수로 지정된 500년 수령의 은행나무와 함께 고즈넉한 옛 모습을 즐기기에 부족함이 없다. 부근의 김시습과 김효중의 위패를 모신 청일사淸逸祠도 옛 홍산현의 흔적이 남아 있는 곳이다. 조선시대 홍산현은 지금 부여의 홍산면, 외산면, 내산면, 남면, 구룡면, 옥산면과 함께 보령시 미산면까지 포함하는 넓은 지역이었다. 홍산면은 작은 면 소재지이지만 현재 치과 두 개를 비롯해 세 개의 병원과 5일장이 서는 장옥이 남아 있고, 옛길에서는 근대 거리의 모습도 볼 수 있다. 100여 년 전만 해도 근동近洞에서 제일 큰 시장은 2일장, 7일장이었다고 한다. 지금도 2일과 7일에 5일장이 열리고 있어 홍산이 과거에는 인근지역에서 가장 규모가 큰 시장이었음을 알 수 있다. 1920년대 후반에 지어진 옛 홍산저포조합 벽돌건물은 국가등록문화재 제364호로 지정되어 있다. 저포苧布는 모시를 말하는데, 이웃하는 한산과 함께 큰 모시시장이 형성되어 있었다. 충청도에서 모시가 생산되던 부여, 임천, 한산, 홍산, 서천, 비인, 남포, 정산을 저산팔읍이라고 했다. 홍산을 거점으로 모시를 주요 품목으로 거래하던 보부상 저산팔읍상무사는 1960년대까지도 공문제와 한식제사 등 뿌리 깊은 전통이 되어 이어져 왔다. 저산팔읍상무사는 현재도 보부상의 두령인 영위領位의 맥을 유지하면서 보부상놀이 등을 통해 문화적으로 전통을 이어 가고 있다.

1 구 홍산현 객사
2 청일사淸逸祠에는 김시습과 김효종의 초상화가 모셔져 있다. 두 사람은 단종을 폐위시킨 수양대군세조에게 실망하고 김시습은 무량사로, 김효종은 홍산현현재 내산면으로 낙향해 교류했다.
3 국가등록문화재 제364호로 지정된 옛 홍산저포조합

홍산면 옛 모습과
보부상 저산팔읍상무사

옥산면 옥산저수지

함께 둘러 보면 좋아요

옥산면은 16개 읍면이 있는 부여군에서 특별하게 풍광이 아름다워 '부여 알프스'라 불리는 곳이다. 부여의 서쪽 끝 마을로 부여읍보다 서천과 보령이 더 가까운 생활권이라고 할 수 있다. 산이 높지 않고 가파르지도 않아 편안한 느낌으로 다가온다. 저수지 북쪽은 차령산맥의 끝자락으로 주민들이 신성하게 여기는 옥녀봉이 자리 잡고 있다. 4월에는 옥녀봉 진달래축제가 열리고 11월에는 옥녀봉 산신에게 올리는 산신제를 지내고 있다. 1930년대에 만들어진 옥산저수지는 부여 벼농사의 중요한 농업용수를 공급하는 곳으로, 부여를 동서로 가로지르는 구룡평야 금천으로 흐른다. 옥산저수지 서쪽에서 동쪽을 바라보면 멀리 홍산면과 남면의 들이 보이고, 북쪽으로 보면 나지막한 산을 배경으로 호수와 어우러지는 편안한 산자락이 마치 스위스 알프스의 농가 풍경처럼 한가로운 모습이다. 옥산저수지는 규암면의 반산저수지, 충화면의 복심저수지 복금저수지, 덕용저수지와 함께 부여의 대표적인 저수지다.

1 차령산맥 끝자락의 나지막한 산을 배경으로 호수와 어우러지는 이곳은 부여의 알프스로 불릴 만한다.
2 옥산저수지 전경. 남면의 들과 충화면의 산, 옥산저수지의 호수가 아름다운 풍경을 연출한다. ⓒ부여군청

옥산면

옥산저수지

글을 맺으며

보통 사람들의 정원이야기가 중요한 이유

우리나라 최초의 인공정원이 궁남지라는 사실은 《삼국사기》의 기록으로 알 수 있다. 부여가 수도이던 사비백제 시기에 백제 사람 노자공 지기마려가 일본에 처음으로 우리나라 정원을 전한 이후 일본 정원의 역사가 시작 되었다는 기록은 일본의 대표적인 역사서인 《일본서기》에 남아 있다. 두 가지 역사적 사실을 볼 때 부여가 우리나라 최초의 정원도시라고 설명해도 크게 무리가 없을 것 같다. 1960년대 후반 홍사준 국립부여박물관장이 부여 사람들이 마래방죽으로 부르던 습지와 연못, 논이 뒤섞여 있던 현재의 궁남지 지역을 발굴·복원하면서 궁의 남쪽에 연못을 만들었다는 《삼국사기》의 기록에 따라 그곳을 궁남지로 부르기 시작했다.

왕궁의 정원뿐만 아니라 당시 부여에는 마을마다 집집마다 소박하지만 아름다운 꽃밭이 있지 않았을까? 거창하게 말하는 정원이 아닌 자그마한 꽃밭. 역사는 늘 권력을 쥔 사람이나 상류층의 관점에서 기록되고 후대에 전해졌다. 보통 사람들의 역사는 동학혁명의 전봉준, 홍길동이나 전우치 이야기처럼 투쟁과 기인奇人의 역사로 기억되는 게 보통이다. 정원의 역사도 마찬가지다. 궁중정원이나 상류층의 몇몇 정자나 별서정원을 제외하고는 국민의 절대 다수를 차지하는 보통 사람들의 정원이야

정원도시 부여의
마을 동산바치 이야기

기는 기록은 물론 전해지는 이야기조차 찾아볼 수 없다.

　동네 동산바치들이 만들고 가꾸는 정원은 옛날이나 지금이나 여전히 존재한다. 최근 작가정원이나 예술정원이 새롭게 주목받으며 정원 붐을 선도하고 정원문화 확산에 기여하고 있다. 하지만 누구나 쉽게 접하고 편안하게 만들고 즐길 수 있는 보통 사람의 정원이야기도 함께 이야기되어야 짧은 유행이 아닌 21세기의 새로운 정원문화로 확산될 것이다. 우리는 앞으로도 지속적으로 관심을 가지고 동네 마을길 비밀정원을 기록하려고 한다. 방대한 작업이라 이런 취지에 동감하는 사람들이 많이 나타나 자신이 사는 마을의 정원들이 기록될 수 있기를 바란다.

　1970~80년대는 도시확장urban sprawl이 대세였다면 지금은 도시소멸urban shrinking에 대처하는 게 도시문제 해결의 지향점이 되고 있다. 이러한 현상은 동서양은 물론 빈부격차 없이 세계 어디서나 겪는 공동의 문제다. 도시소멸 과정에서 중요한 과제 중 하나는 사라지기 전 현재의 기록이다. 이러한 의미에서도 동네 동산바치들의 비밀정원을 기록하는 일은 중요한 가치가 있다.

　이 책에는 몇 가지 이야기가 담겨 있다. 정원 이야기, 사람 이야기, 도시 이야기 그리고 우리의 이야기가 서로 얽혀 가지가 되고 큰 나무가 되었다. 첫 번째 이야기는 당연히 정원이다. 구체적인 나무와 풀의 이야기가 중심이 되어 서술되는 일반적인 정원 이야기가 아니라 정원을 만들고 가꾸는 일에 몰두하는 동네 동산바치들만의 소박한 정원론에 관심을 가지고 기록했다. 예쁜 꽃이나 희귀종에 당연히 먼저 눈길이 가지만 원예전문가가 아닌 조경가의 관점에서 각각의 나무나 풀에 관심을 두기

보다 꽃밭의 공간 구성을 중심에 두고 이야기의 가지를 만들었다. 아마도 이것이 민중정원 서술에 적합한 방법일 것이다.

두 번째는 사람 이야기다. 동네 동산바치들의 내밀한 이야기는 때로는 가슴 아프기도 했지만 그래도 언제나 결론은 행복과 편안함, 자연이 거저 주는 기쁨이었다. 정원이 가지고 있는 치유의 매력은 재론의 여지가 없이 너무 확실하다. 독일에서 1차 세계대전 후 시작된 주말정원 klein garten 혹은 schreber garten 개념은 당시 라이프치히의 의사 슈레버 Dr. Schreber 가 특별한 신체적 이상 징후 없이 고통을 호소하는 환자들에게 흙을 만지며 자연에서 정원을 가꾸는 처방을 내린 데서 시작되었다. 정원을 가꾸며 자연과 함께하는 행위는 몸이나 마음의 병으로 고통 받는 어느 누구에게나 최고의 명약이다.

세 번째는 도시 이야기다. 앞에서 언급했듯이 부여는 1400년의 역사가 확인되는 우리나라 최초의 정원도시. 부여는 2009년 도시재생 개념으로는 우리나라에서 처음으로 정원축제를 개최했고, 이미 오래전부터 궁남지 연꽃축제나 국화축제로 선도적인 정원문화를 만들어 가고 있다. 사비백제의 수도로 역사적인 문화유산과 함께 22세기를 위하여 보존해야 할 아름다운 숲으로 나라에서 지정한 부소산성 태자골 숲길, 백마강변 대붓뚝 억새밭과 생태습지, 충화면과 옥산면의 잘 보존된 자연환경 등 21세기 정원도시의 조건도 이미 훌륭하게 갖추고 있다.

마을 곳곳에서 만날 수 있는 비밀정원도 당연히 부여만의 매우 특별한 정원 자산이다. 자생적으로 만들어진 임천면 군사리의 비밀정원은 동산바치들의 스토리텔링부터 조형적인 조성까지 자신 있게 자랑할 만한, 매력적인 마을 공동체 정원 사례다.

네 번째는 답사하고 글을 쓰고 사진을 찍은 우리의 이야기다. 책을 쓰면서 부여에서 보낸 1년은 환희의 연속, 인생의 화양연화花樣年華였다. 그냥 모르고 볼 때는 하얀 벌레인 줄만 알았던, 단 하루만 꽃이 피는 벼꽃을 태어나서 처음 부여에서 보았다. 그것도 바로 집 앞 논에서. 새벽 궁남지 산책길에서 맡은 연꽃 향은 아직도 코에 맴도는 듯하다. 풀벌레 소리 들으며 보았던 밤하늘의 별도 잊을 수 없다. 마을 산책길에서 만난 소위 '잡초'라 불리는 소리쟁이, 환삼덩굴, 바랭이, 여뀌, 고마리, 땅빈대, 석류풀도 그냥 아름다운 풍경의 일부였다. 정원을 답사하면서 인터뷰하고 기록하는 과정은 그네들이 자연에서 누리는 기쁨을 같이 보고 느끼는 행복한 시간이었고, 우리에게도 온전한 치유의 여정이었다.

책이 나오기까지 많은 부여 분들의 도움이 있었다. 깊은 관심으로 폭 넓게 부여를 볼 수 있도록 도움을 준 이종관 실장님과 이병현 실장님, 어려운 자료 협조 등 부담스럽고 귀찮은 부탁도 깔끔하게 해결해 준 김건태 팀장님과 이선명 계장님, 장소를 섭외하고 안내해 준 각 읍면의 담당자에게 감사드린다. 부여를 사랑하는 마음으로 시간 날 때마다 부여의 이곳저곳을 직접 보여주고 소개해 준 김지태 석성면장님과, 지금은 공직을 은퇴하고 농사를 지으며 항상 속 깊은 배려로 챙겨 주면서 부여 사람의 참 모습을 보여 준 나희주 실장님 덕분에 '진짜' 부여를 알게 되었다.

이 책의 주인공은 비밀정원을 정성으로 가꾸면서 주변 사람들이 그 아름다운 모습을 보고 즐길 수 있게 해 준 동네 동산바치들이다. 분주

한 시골생활이지만 불쑥 방문해도 언제든지 시간을 내주어 반갑게 맞이하고 정원 이야기를 나누며 안내해 준 그 분들의 고운 마음으로 이 책이 나오게 되었다. 《서울 골목길 비밀정원》에 이어 이번에도 아름다운 책으로 만들어 준 디자이너 김지혜님과 깔끔하게 글을 다듬어 주고 출판의 기회를 준 목수책방 전은정님에게 고마운 마음을 전한다. 모든 분에게 마음 깊이 감사드린다.

정원도시 부여의
마을 동산바치 이야기

정원도시 부여의 마을 동산바치 이야기

글 김인수 김혜경
사진 김인수

1판 1쇄 펴낸날 2022년 3월 31일

펴낸이 전은정
펴낸곳 목수책방
출판신고 제25100-2013-000021호

대표전화 070 8151 4255
팩시밀리 0303 3440 7277
이메일 moonlittree@naver.com
블로그 post.naver.com/moonlittree
페이스북 moksubooks
인스타그램 moksubooks
스마트스토어 smartstore.naver.com/moksubooks

디자인 studio fttg
제작 야진북스

Copyright ⓒ 2022 김인수 김혜경

이 책은 저자 김인수 김혜경과 목수책방의
독점 계약에 의해 출간되었으므로
이 책에 실린 내용의 무단 전재와 무단 복제,
광전자 매체 수록을 금합니다.

ISBN 979-11-88806-26-3 (03810)
가격 25,000원